無意識の正体

「自分」とは何か
「自由」とは何か

山竹伸二

河出書房新社

無意識の正体　「自分」とは何か「自由」とは何か　目次

無意識の正体

「自分」とは何か　「自由」とは何か

序章　無意識を問う

無意識への関心

現代は無意識の時代である。というより、無意識が気になる時代、無意識への関心が高まった時代、と言うべきかもしれない。

私たちは誰もが自分の無意識に関心を持っている。自分の心の中には自分でもわからない部分がある、と感じている。自分の気持ちと考えの間にズレを感じ、違和感を抱くこともあれば、思いとは異なる行動を取ってしまったり、無自覚だった気持ちに気づいて動揺することもある。そして、自分で自分のことがわからない、と感じるとき、私たちは「自分はどうしたいのか」と自問する。いまの自分を偽りのように感じ、自らの無意識にある本当の気持ちを知りたい、「本当の自分」を知りたい、そう思うのである。

では、どうすればこのような無意識を知ることができるのだろうか？

日常生活を振り返ってみると、無意識を知る機会は少なくないことに気づかされる。私たちは日々の生活の中で、自分自身の無意識にしばしば気づき、自覚していなかった自分の一面を垣間見る。それが自分の持っていた自己イメージと違えば、自己への理解を改める必要があり、自己像を修正しているはずである。

たとえば、何か大事な仕事を任され、自信満々だったつもりが、直前になって胃が痛くなったり、動悸が速くなり、汗ばんできたりすれば、実は不安だったのではないかと気づき、無意識のうちにプレッシャーを感じていたのかもしれない、と思うだろう。また、他人の指摘によって、自分自身の中にある知られざる欲望、不安、動機があることを意識し、そのことに対して無意識だったと感じる場合もあるはずだ。それは気づかなかった自分の一面を知り、自己への理解が変わる機会となる。

学校の教室で、何とも思っていなかったクラスメイトのことを何度も見てしまうとしよう。それに対して友人から、「いつも見てるね、そんなに気になるの」と言われたとしたら、自分の恋心に気づくかもしれない。「何度も見てしまう」という自らの無意識の行為の意味が、恋愛感情として捉えられ、恋をしている自分を自覚したのである。

これは自分の本当の気持ちを知り、思ってもみなかった自分と出会った瞬間だが、あまり違和感がなく受け容れられた場合は、自己イメージが大きく変わるほどではないかもしれない。しかし無意識の指し示すものが、嫉妬や恨み、怯えなど、自分の抱いていた自己理解とはかなり異なるものであったなら、受け容れるのに躊躇し、悩み、「これが本当の自分なのかも」と思うだろう。それは、自分の生き方を変えてしまうほど大きな衝撃を受ける体験に違いない。

しかし、そのように大きな自己理解の変更は、そう滅多に起きるものではなく、私たちの日常における無意識への気づきは、大抵は些細な自己像のゆらぎを感じる程度であり、無意識の行為に少し驚いただけ、といったものである。

たとえば、毎日通っている道は、考え事をしていても間違えずに目的地に辿り着くことができる。到着した時点ではっと気がつき、いつの間にか着いていた、と感じるのが普通だろう。車の運転中に会話をしたり外を見ていても、手足は自然とハンドルやアクセルを動かして運転している、という経験や、つい髪を触っていたり、頭を掻いているなど、癖と呼ばれる動作にも同じことが言える。無意識に気づくこと自体は、誰もが日常的に経験している、ごくありふれた体験なのである。

このように、普段、私たちが無意識にやっている行為はかなりたくさんあり、数え上げればきりがないほどだ。そのほとんどには気づくこともなく、まさに無意識のまま私たちは生活を続けているのだが、それでも無意識に気づく瞬間はたくさんある。その多くは、「無意識にやっていた」という多少の驚きや喜びはあっても、違和感は抱かないのが普通である。そのため、無意識として意識すること自体あまりないだろう。

これに対して、自分の欲望や不安が無意識として自覚されたときには、もっと重要な体験として感じられる。それは自分の本心として感じられ、自己イメージがゆるがされる出来事であるからだ。

こうした無意識の体験によって、思ってもみなかった自分の一面を知ると、もっと自分自身の未知なる部分があるのではないか、「本当の自分」はどのような自分なのか、と考えてしまうだろう。自己の将来に対する不安が強く、現状の自分に違和感を抱いている人ほど、その傾向は強いに違いない。現代社会ではこのような無意識への関心が強く、「本当の自分」を知りたいと思う人々が多いのである。

無意識を知ることはできるのか?

世の中には無意識を知るための技法がたくさんある。一般に出回っているのは、大衆向けの心理学や占い、夢分析などであり、こうした無意識を分析する簡易な方法を記した書籍やサイト、動画は書店やネット上で溢れかえっている。それだけ無意識への関心が高いということだが、このような無意識の解読法の中には、根拠のない方法や解釈で人を惑わすものも少なくない。

やっかいなのは、霊言や霊視と称して相手の心理を言い当てたり、自己発見、自己実現といった言葉を都合よく並べながら、苦悩を抱えた人、「自分探し」をして悩んでいる人に近づき、無意識を解釈してみせる人々もいることだ。カルト系の新興宗教、怪しげな自己啓発セミナーなど、数え上げればきりがない。彼らは「無意識を知りたい」という現代人の悩みを利用し、金儲けをしようとする。自分は何者なのか、何をなすべきなのか、という真剣な悩みからくる不安と孤独感につけこみ、その心の隙間を利用して、無意識を分析してみせ、それを「本当の自分」だと信じ込ませている。

もちろん、そうした信用できない方法ばかりではなく、人間の心理を深く考察した上で研究、開発された方法もある。その多くは、現代人の心の病を治療するために考えられた無意識の解釈法であり、ロールシャッハテストやバウムテストなどの心理テスト、心理療法における多様な技法がそれに当たる。

心理療法の技法としては、自由な連想から無意識を見出す自由連想法、夢の中に欲望を読み取る夢分析、遊びや描画、造形芸術から無意識を解読する方法、催眠によって無意識となった過去を思い出す方法などがある。これらは、精神分析やユング派、その他の心理療法が開発してきた技法であり、患者の無意識を知ることで、苦悩の緩和、症状の解消に導くという目的がある。また、長年にわたって治療効果をもたらしてきた点でも、一定の社会的な信頼を得ている技法と言える。

しかしその一方で、心の病に関する精神病理論と心理的治療法は、学派によってばらばらで統一性がなく、長年、異なる治療法の間で理論的な争いが絶えなかった。当然、無意識という問題についても、学派によってかなり異なった主張が展開されている。

たとえば、フロイトの精神分析とユングの分析心理学、アドラーの個人心理学では、いずれも深層心理学の立場として無意識の存在を認めているが、無意識の構造、内容に関してはかなり異なった見解を持っている。また精神分析の中だけでも、自我心理学、クライン派、対象関係論、ラカン派など、学派によって異なった無意識の解釈になりやすい。

昨今では学派間の対立も少なくなり、折衷派、統合派の心理的治療者が増えているが、より説得力のある無意識の解読法が開発されたわけではなく、心理臨床の現場では、いまだに多様な無意識の解釈が実践されている。では、なぜ深層心理学における無意識の理論は対立し、決着がつかないのだろうか？

その原因は、深層心理学における無意識の仮説が、科学的に証明できないことにある。

深層心理学における無意識の捉え方は、理論的にはバラバラだが、海面から見える氷山の絵で描かれることが多い点では共通する。氷山の部分が意識だとすれば、水面下の見えない部分が無意識であり、そこは意識よりもはるかに広大で底知れぬ深みを有する領域となっている。意識は氷山の一角にすぎず、自分自身の心でさえ未知なる部分が大きいことを示した、とてもわかりやすい心の

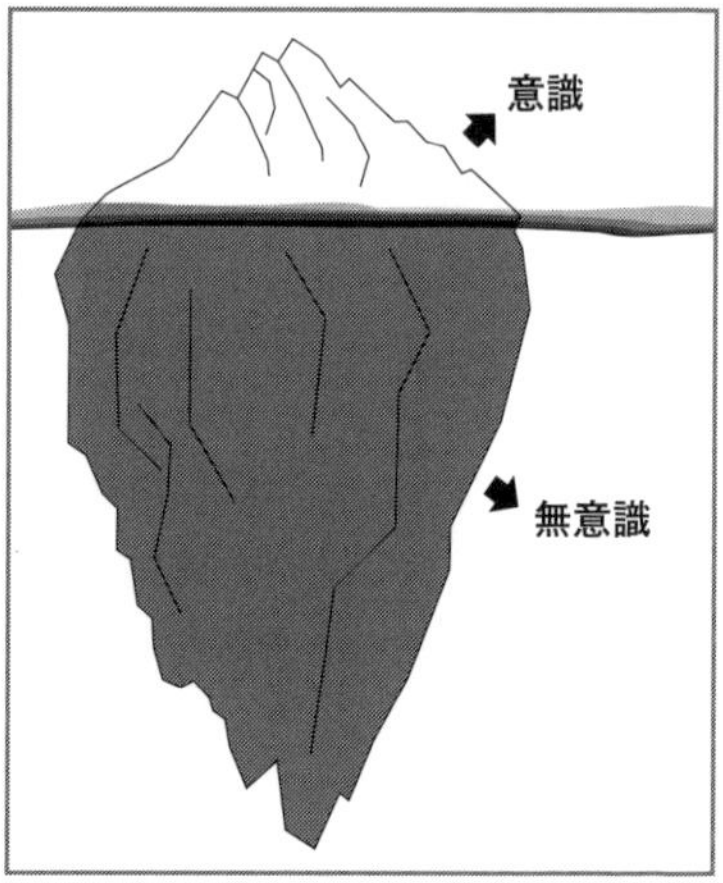

イメージである。

だが、そのような無意識を見ることはできないし、その仮説を科学的に実証することもできない。無意識は直接的な観察が可能な対象ではないため、こうした無意識を実体化したような仮説を検証するのはとても難しいのである。そのため、精神分析その他の深層心理学的な理論に対しては、科学的なエヴィデンスがない、という批判が古くからある。

では、現代の科学は無意識の存在を否定しているのだろうか?

無意識への問い

深層心理学的な無意識論がいかに心理的な治療に有効なものであったとしても、科学的な証明が難しいものであることは事実である。それは無意識が直接的に観察できる対象ではなく、常にある現象から間接的に想定される対象であるからだ。このため、二十世紀前半に広まったフロイトやユングらの深層心理学は、一般大衆や心理臨床家の支持は得ているが、実験、観察を重視する自然科学の研究者からは懐疑的な目を向けられてきた。

しかしその一方で、無意識は科学者にとって、常に興味深い対象でもあっただろう。なぜなら、身体が自動的に反応する、無自覚に行動してしまう、思ってもみなかった感情を自覚する、といった「無意識」と呼べるような体験を、科学者であっても経験していないわけがないからだ。

また、無意識は人間の愚かさ、無力さを示すものとして、科学者のみならず、哲学者、心理学者、社会学者など、多くの知識人の興味を引いてきた面もある。なぜなら、二十世紀における夥しい数の戦争や犯罪、差別、迫害、環境破壊が、人間の理性に限界を感じさせるようになったからである。そして現在では、無意識こそ人間の本性を示すものだと考えられるようになっている。

実際、周囲の人々やニュースを見る限り、無意識のうちに偏見を持っていたり、理性を失ったかのように感情を爆発させ、愚行を繰り返す人々はたくさんいる。そうしたことから、多くの人は理性への信頼を失い、人間は周囲の人々や価値観に無意識に従い、左右されやすいと考えるようになった。人間は決して理性的な存在とは言えず、主体性が欠如した存在、無意識に支配された存在である、という人間像がリアリティを持つようになったのである。

いまや無意識は人間理解の鍵となり、特に心理学と哲学においては重要な概念となっている。近年では、認知科学と脳科学の発展によって、無意識を脳や神経との関係で捉えようとする研究もあり、無意識の科学的な研究は新たなステージに突入している。無意識の身体反応における脳の活動をチェックし、そのメカニズムを解明しようとする研究が、無意識についての新たな知見をもたらし、人間という存在の謎を解明するきっかけになるかもしれない。そんな期待が生まれているのである。

しかし、無意識の反応、行動が生じる脳のメカニズムを解明できたとしても、それが無意識の欲望や不安を知るための方法に直結するわけではない。また、なぜ私たちは自分の無意識を知りたいのか、そこにはどんな意味があるのか、それを明らかにすることもないだろう。脳科学的な研究は無意識という現象の身体的なメカニズムを解明しようとするものであり、そうした現象の本質を解明してくれるわけではないのだ。

私たちは日々の生活の中で、時折、自らの無意識に気づくことがある。その多くは自然なこととしてスルーされているが、時には驚き、喜びにつながる場合もあり、心にさざ波が立ち、悩みを深くすることもあるに違いない。自分の知らない一面を垣間見て、戸惑い、それまでの自己イメージがゆらいでしまうこともある。それどころか、自己に対する理解が大きく変わり、人生そのものを左右する場合もあるだろう。

人間は理性的に考え、行動したつもりでも、過ちを犯しやすい。自由に、主体的に行動したつもりでも、社会の価値観から無意識のうちに影響されやすい。それでも人間はそうした無意識の支配に抗い、自由に生きようとする。自分の意志で行動を選び、納得のいく道を歩もうとする。だからこそ、私たちは自分が本当はどうしたいのかを考え、自らの心の奥底を知りたい、無意識を理解したい、と感じるのではないだろうか？

そう考えると、「無意識に気づく」という経験は、人間が自由に生きる上でとても大事なものであり、私たちの生にとって重要な意味を持っているに違いない。私たちの生にとって無意識は何を意味するのか、私が知りたいのはその本質なのである。

無意識とは何か？

私はいつも人間の無意識という謎に強い関心を抱いてきた。最初それは「自分自身の無意識を知りたい」という思いからであったが、いつしか「人間にとって無意識とは何か」という人間の存在本質に関わる問いへ変わっていた。

小学五年生の頃、自分のやっている行為なのに、なぜやっているのか自分でもよくわからない、と感じることがあった。ちょっとした汚れが気になって、何度も手を洗ったり、手をなめたりしてしまう。そうした奇妙な強迫的行為を繰り返していたため、周囲からは変な目で見られ、陰口を叩かれたり、きつい言葉で罵られたこともある。しばらくして、そうした行為もしなくなったのだが、それ以来、自分の心には自分の知らない何かがある、と考えるようになった。それが自らの無意識に対して興味を抱くようになったきっかけである。

高校生になった頃、フロイトの精神分析やユングの心理学を知り、無意識を知ることで心の病を治す、というその考え方に惹かれていた。自分自身が苦しみにぶつかる中で、また友人たちから悩みを打ち明けられ、相談に応じていく中で、無意識を理解することで苦悩を解決する道がある、という主張に強い関心を抱くようになったのだ。そして、こうした心理療法の理論を理解し、無意識を知る方法がわかれば、心の苦しみを癒す何かが見つかるかもしれない、と考えていた。

だがしばらくして、心理療法における無意識の捉え方は多様で、解釈の仕方もそれぞれ異なることを知り、一体、どれが本当に正しい無意識の捉え方なのか、わからなくなってしまった。その上、精神分析をはじめとする深層心理学の理論に対し、非科学的であるとか、根拠がないとか、様々な批判を耳にするようになり、ますます混乱してしまったのである。

しかし、無意識の理論に統一性がないからといって、不思議と、それらが全くのインチキだとは思わなかった。なぜなら、多くの心理療法において無意識が解釈され、それが心の病の治癒に繋がっている以上、無意識を知る、という現象には何か重大な意味があるに違いない、そう思えたからである。私自身、子供の頃に経験した強迫的行為が徐々に消えていったのは、そこに無意識の意味があることを自覚した時からだったのだ。

深まる無意識の謎を追いながら、私は何度も問い直していた。そもそも無意識とは何なのか、と。

一筋の光明が差し込んだのは、現象学という哲学の思考法を知ったことにある。

現象学は、あらゆる対象を自らの意識に還元し、その対象の意味を解明しようとする。意識に現われた対象に焦点を当てながら、事物の実在性を確信する根拠を考えたり、様々な体験や概念の本質を解明する思考法を持っていたのだ。この考え方を使えば、不安とは何か、正義とは何か、自由とは何か、といった問いに対して、その本質を明らかにすることができる。では、無意識とは何か、という問いに対しても答えが得られるかもしれない。無意識という対象の本質について、現象学の思考法によって解明できるかもしれない。そう考えるようになったのである。

ここで、ふと疑問を抱いた人もいるだろう。現象学が意識に現われた対象について考えるのに対して、無意識は文字通り、意識に現われない対象であるはずだ。意識されないからこそ無意識なのであり、意識に現われない以上、現象学では扱えないはずではないのか、と。

なるほど、「無意識」という以上は、「意識」に現われない対象のように思える。だが、よく考えてみれば、私たちは日常生活の中で、無意識と呼ばれるような現象にしばしば出会い、それを意識し、考えている。つまり、無意識と呼べるような現象が意識に現われているのである。そうでなければ、そもそも無意識を気にしたり、考えることさえあり得ない。だとすれば、そうした無意識と呼ばれている現象、経験について、現象学の視点で考えることは十分に可能であるはずだ。

このあたりの詳しい説明は本論に譲るが、いずれにせよ、現象学によって無意識の本質を明らかにできれば、無意識にまつわる様々な謎を解く鍵になるだろう。そして人間の心理的な苦しみの原因やその解消法も見えてくるかもしれない。

いや、それだけではない。「無意識に気づく」という経験が、私たちの行動や生き方さえも変えるような経験であるとすれば、それは人間にとって大変重要な経験であり、ひょっとすると無意識の謎を解くことは、人間という存在の謎にさえ迫り得るのではないだろうか？

探究へのいざない

本書は「無意識とは何か」という問いと向き合い、その答えを導き出そうとする試みであり、無意識の本質を明らかにすることがメインテーマとなっている。

「無意識」については、科学においても哲学においても様々な主張が展開されているが、すでに述べたように、少々複雑な問題を含んでいる。まず、科学にとって無意識は事物のような対象ではないため、実験、観察の対象にはなりにくいはずなのに、科学的な研究など可能なのか、という問題。また哲学においては、現象学は意識を中心とする観念論なのに、無意識を考えることは可能なのか、という問題がある。

これらの問題を無視することはできないため、本書の前半では深層心理学、脳神経科学、哲学における無意識に関する様々な主張、理論に目を向け、できるだけ簡明に整理しようと試みている。これによって、無意識という概念の学問における位置づけが、より明確になるだろう。

だが、本書の本来のねらいは「無意識の本質」を解明することであり、現象学の思考法を駆使して無意識の本質を考えていく作業は、本書の中核に位置付けることができる。それは、精神分析その他の心理療法の謎を解き明かす上で、とても重要な意味を持っており、心理的治療という場面だけでなく、私たちが日常生活にも応用できるような可能性を秘めているはずである。

以下、本書の内容、構成について簡単に触れておきたい。

最初の1章と2章では、深層心理学的な無意識の発見に始まり、無意識の哲学、現代の認知科学的な研究に至るまでの、無意識に関する多様な研究の歴史を描いてみようと思う。

まず1章では、十九世紀における催眠療法、ジャネ、フロイトの登場について触れ、いかにして無意識の研究が始まったのかを考察する。そして、二十世紀のユング派やアドラー派の登場、フロイト以後の精神分析の展開など、深層心理学の歴史をたどりながら、なぜ無意識への関心が生まれたのか、その時代背景について考察してみることにしよう。

2章では、現在の自然科学、特に脳科学、認知科学において、無意識がどのように捉えられているのか、その概略を紹介し、次に科学の観点だけでなく、哲学において無意識はどのように扱われてきたのか、思想・哲学における無意識論について考察する。デカルトから現象学に至るまで、近代哲学は意識に焦点を当てて認識問題を考えてきた。しかし、現代哲学ではこうした近代哲学の意識主義を批判し、無意識の重要性を訴えている。哲学において無意識とはどのような意味を持つ対象であったのか、その点についても考えてみたいのだ。

続く3章と4章は、無意識の本質を明らかにすることが中心となる。ここは本書のメインテーマへ挑戦する、最も重要な箇所だと考えている。

3章では無意識を現象学の観点から考察し、「無意識とは何か」という謎に迫りたいと思う。これは、私たちが日常生活の中で経験する無意識の意味を考え、その本質を明らかにする作業であり、この洞察によって、無意識が自己理解と無関係ではあり得ないことが明らかになるはずだ。

また4章では、心の発達という観点を導入し、無意識の行為がどのようにして生まれるのか、その発生について人間の欲望と不安との関係から考察している。承認欲求と身体化されたルールの関係性、自意識の問題など、無意識の本質をさらに掘り下げて考えることになるだろう。

無意識の本質が明らかになれば、心の病や心理的な治療法における無意識の意味が理解できる。それは心の病という現象の意味とその治療法の原理について、多くの示唆を与えてくれるに違いない。そこで5章では、不安が生み出す無意識の行為について、無意識の本質から捉えなおし、心理的な苦悩の原因と意味について論じたいと思う。それは、心の病の本質を明らかにすることにもなるだろう。そして6章では、心の病が治る原理を考察するとともに、無意識を自己分析する方法について説明する。

心理療法が無意識を重視しているのは、そこに治療の原理があるからだ。しかし、これまでの心理療法論、精神分析理論は、その原理を明確に示すことができていない。そのため各々の心理療法の学派は理論対立を繰り返してきた。だが無意識の本質を解明できれば、心の病を治す原理についても一定の光を与えることができる。そしてその原理は、私たちが日常生活において自らの不安や苦悩の意味を自己分析し、理解する上でも役立てることができるはずだ。

このように、無意識という経験の本質を知ることができれば、心の苦しみを解消し、よりよく生きる道が開かれるだろう。それは、人間という存在がどのように生きているのか、何に苦しみ、何を求めているのか、そうした存在の謎について考えることでもある。本書は無意識という概念をとおして、人間性の本質に迫る試みでもあるのだ。

１章　無意識の発見――深層心理学の歴史から考える

探究の始まり

無意識に関する研究はどのようにして始まったのだろうか？

まず多くの人がイメージするのはフロイトだろう。彼が「無意識の発見者」と呼ばれ、精神分析の創始者として、無意識の重要性を世に知らしめた人物であることは間違いない。フロイトは人間の心に無意識があることを主張し、深層心理学という新たな領域を切り開いた。それだけでなく、哲学、文学、芸術など、多様な分野にも影響を与えている。二十世紀において、無意識が人間という存在を考える上で不可欠なものになったのは、やはりフロイトの存在が大きかったと言わざるを得ない。

ただ、フロイトが無意識論を展開し始める以前の十九世紀前半から、すでに無意識に関する学術的な研究が行われていたのも事実だ。たとえばカールスは、魂の本性を知る鍵は無意識の世界にあると考え、無意識を三層に区別している。その研究は『プシケー』にまとめられており、これは無意識の心理的な生活に関する理論を提示した最初の試みであった。また、ハルトマンは無意識の役割に関連した数々の事実を提示し、一八六九年に『無意識の哲学』を刊行。これは精神分析の登場に先立つこと、四半世紀前の出来事であった。

では、なぜ十九世紀において、このように無意識に関する研究が行われていたのだろうか？

その時代背景を探ってみると、一つには、心霊術への関心の高まりが関わっていた可能性がある。当時、アメリカでは心霊術が流行し、霊と交信する霊媒が登場し、自動書字を行ったり、トランス状態で話をする者もいた。そしてその影響は、イギリスやドイツなど、西欧諸国にも広まっていた。霊媒者は霊が自分に乗り移って書いている、しゃべっている、と主張していたが、すでに科学の時代に移行していた十九世紀では、自動書字やトランス状態を無意識に関連づける者もいたのである。[1]

もう一つは磁気術や催眠術の流行がある。

磁気術とは、メスメルという医師の開発した治療法であり、一種の催眠術であった。彼の考えでは、宇宙には動物磁気という流体が満ちており、体内において動物磁気の不均衡が生じると病気になる。そこで、動物磁気をうまく活用すれば、病気も治るというのである。現代から見れば怪しい理論に思えるかもしれないが、十八世紀後半という時代背景を考えると、むしろ科学的な理論に近いものだったと言える。

当時、すでに科学的な理論が広まり始めていたとはいえ、心の病気の原因は不明で、悪魔の仕業とみなす人も多かった。そのため、まだ悪魔祓いのような治療も行われており、特にガスナーという神父の悪魔祓いは有名で、奇跡のように治ったと言われている。たとえば、痙攣発作の起きる患者に対して、ガスナーはラテン語で正体を現わすように呼びかけ、患者の身体に痙攣するよう命じると、患者はそのとおりに行動しはじめる。これは悪魔が調教された証であり、こうして痙攣発作の症状は起きなくなるのである。

これに対してメスメルは、指で触るだけで患者に痙攣をはじめ様々な症状を出没させ、人々を驚かせた。そして、「ガスナーは決してハッタリ屋ではなく、ただそれと知らずに動物磁気で患者たちを治していただけだ[(2)]」と説明してみせたのだ。

いまの時代なら動物磁気など存在しないとわかっているし、それが一種の催眠現象であることは理解できる。だとしても、心の病の原因を悪魔のせいではなく、患者自身の内的な問題として捉えたことは、大きな転換点だったと言ってよい。なぜなら、そこには患者自身にもわからない心の領域として、無意識が想定される可能性があったからである。

催眠と無意識

メスメルの磁気術はピュイゼギュールによって広められ、十九世紀前半にはかなり広く受け容れ

（1）ジャネは心霊術者の無意識論についてこう述べている。「心霊術者たちも、一八五〇年ごろから考え方を変え、精神世界に関心を抱くようになり、無意識の現象に注目するようになった。観察し、さまざまな形でこの無意識現象を引き出すことさえしている。ただこの現象を説明するやり方はきわめて奇妙であり、その記述も宗教的熱狂で歪められているために、無意識の考察の出発点として取り上げることはできそうもない」（P・ジャネ『心理学的自動症』松本雅彦訳、みすず書房、二〇一三年、二一九頁）

（2）H・F・エレンベルガー『無意識の発見（上）』木村敏・中井久夫監訳、弘文堂、一九八〇年、六五頁

られていた。ピュイゼギュールは磁気術の途中で患者が睡眠状態になることを見出し、磁気睡眠と名づけており、これが後に「催眠」と呼ばれることになるのだ。

磁気術や催眠術の流行が無意識への関心を高めたことは間違いない。『無意識の発見』で有名なエレンベルガーも、磁気術師や催眠術師の仕事のかなりの部分が、実は無意識についての一種の臨床研究であった、と述べている[3]。

ピュイゼギュールは、夢遊状態の記憶が失われることから、記憶には意識的なものと無意識的なものの二種類があると考えていたし、他の磁気術、催眠術の治療者たちは、無意識の心的エネルギーを探究し、それを夢遊病や多重人格、ヒステリーの治療に活用しようとしていた。他にも、無意識は意識とは別の状態であり、無意識が意識的知覚に影響を与えたり、意識に作用を及ぼすなど、様々な記録が残されている。彼らは無意識の存在を前提とした新しい心のモデルを考えていたのである。

メスメリズム運動は催眠術ブームを惹き起こしたが、次第に狂信的となり、イカサマな治療法とも混合するようになってしまい、磁気術の評判は次第に悪くなっていった。しかし、ナンシー学派のリエボーとベルネーム、そしてサルペトリエール学派のシャルコーの催眠術が大きな人気を博したため、十九世紀後半のヨーロッパでは再び催眠術のブームが訪れている。

ベルネームによれば、催眠はヒステリー患者のみに見られる病的状態ではなく、暗示の結果であり、催眠の効果は覚醒状態における暗示でも得られる。催眠時であれ、覚醒時であれ、多くの疾患は患者の心に観念を直接植えつけるやり方（暗示）によって治せるというのである。

一方、高名な神経学者であったシャルコーは、サルペトリエール病院において催眠術の公開講義を行っており、大いに人気を博していた。この講義では、ヒステリー患者を呼んで催眠術をかけ、指示どおりに患者を動かしてみせたため、医師や学生だけでなく、多くの人々に驚きと感動を与えていた。特にフロイトがシャルコーの公開講義に感銘を受け、無意識の重要性を確信するようになったことはよく知られている。

シャルコーは、無意識的な固定観念が神経症の核になる、という考えを持っていたが、シャルコーの下で研究をしていたピエール・ジャネはこの考えを発展させ、外傷的体験によって意識下に沈められた観念を「意識下固定観念」と呼んでいる。意識下固定観念は夢や催眠状態で現われたり、自動書字法などで引き出せるのだが、心的外傷があるため、患者が自力で呼び戻すことはできない。この無意識の観念こそが、心の病の症状、心的な衰弱を惹き起こしているのである。そこで治療するためには、この固定観念を解体し、破壊しなければならない[4]。

たとえば、ある婦人は記憶喪失が生じており、しかも幻覚も生じていた。その幻覚には夫の死を告げた人物が現われていたため、ジャネはこの死の宣告が実際にあった経験であり、それが心的外

（3）「心的生活の一部は人間の意識的知が及ばないものであるという仮説は、何世紀にもわたって立てられてきた。十七世紀から十八世紀にかけて、この仮説は一段と注目された。十九世紀になると最もはげしく議論される問題の一つとなり、ついには現代力動精神医学の基礎となった」（H・F・エレンベルガー『無意識の発見（上）』木村敏・中井久夫監訳、弘文堂、一九八〇年、三六〇頁）

（4）フロイトの場合は無意識の欲望を意識すれば治るという理論だが、ジャネの場合、無意識の内容を暗示によって変化させ、壊さなければならない、と考えていた。おそらくそれは、ジャネの患者には解離性障害など深刻なトラウマによるものが多かったため、単に意識するだけでは治らなかったからだろう。

傷となっていると判断し、催眠暗示を使って夫の死に関する固定観念を変化させることにした。それによって記憶喪失は改善されたのである。[5]

このように、ジャネの理論はその後の無意識の考え方を多くの点で先取りしていたと言える。無意識の記憶、心的外傷など、精神分析との共通点も少なくない。今日の解離性同一性障害（多重人格）に関する理論も、心的外傷による無意識の「解離」が原因だというジャネの考え方に大きな影響を受けている。催眠の流行にはじまる無意識の探究は、ジャネにおいて大きな進展を見せたと言っても過言ではないだろう。

力動的な無意識論のはじまり

ジャネとほぼ同時代に活躍したフロイトが、その後の無意識論に大きな影響を及ぼしたことは周知の事実である。

フロイトもシャルコーの影響を受けており、ジャネの理論との類似点も多い。[6] しかし、ジャネは無意識が意識に対して大きな影響力を持っていることは理解していたが、意識的活動を規制する無意識の力がどのようなものなのか、それを明確に示すことはできなかった。それは十九世紀に無意識を研究していた他の心理学者、催眠術師たちも同じであった。彼らは無意識が意識を支配していることは理解していたが、無意識がどのような法則で意識に影響を及ぼしているのか、という点について研究するまでには至っていなかった。[7]

しかし、フロイトはこうした無意識の法則、内実を捉えようとしていたのであり、無意識に欲動や幻想、記憶などの内容を盛り込み、その力動的性格を明らかにしようとしていた。とりわけ重要な発見は、無意識の現象を欲望の力と抑圧の力のせめぎあいとして捉えた点にある。

たとえば、性的な欲求を満たしたい、という欲望が生じても、性的欲求は不道徳的で悪しきものだ、という考えを持っていれば、性欲は抑圧されて無意識となるだろう。そのような性欲があったことさえ忘れてしまうかもしれない。しかし、抑圧された性欲は何とか欲望を満たそうとして意識に上ろうとする。そのため、欲望を実現しようとする力と抑圧しようとする道徳心の力がせめぎ合い、葛藤し、妥協の産物として夢や神経症の症状が現われる。意識したくないという力が働くからこそ、意味の分からない形象となって夢に現われたり、症状として現われるのである。

このように、フロイトによれば、夢や神経症の症状など、無意識の現象と言われる多くのものが、欲望の力と抑圧の力のせめぎあいによって生じる。彼は無意識を単なる潜在的で静的な観念ではな

(5) P・ジャネ『解離の病歴』松本雅彦訳、みすず書房、二〇一一年、一八～一九頁

(6) この点について、ジャネはフロイトよりも先に数々の発見をしている、という自負があり、次のように述べている。「フロイトは私の使った言葉を変えて、私が心理分析と呼んだものを精神分析と名づけ、意識と四肢内臓の運動との総体、つまり外傷性記憶を構成してそれに結びついているものの総体を名づけるために心理系と私が呼んだものにコンプレックスという名を付した。また私が意識の狭窄と呼んだものを抑圧として考察し、心理学的解離ないし精神的解毒と呼んだものにカタルシスという言葉をあてた」（P・ジャネ『心理学的医学』松本雅彦訳、みすず書房、一九八一年、三九頁）

(7) 「心理学者たちは催眠実験に囚われっぱなしになることなく、われわれの心理機制の大部分が無意識的なままだということをちゃんと見抜いてはいたのだが、彼らの考察はそこで止まっていた。そこから出て無意識の法則や、意識と無意識というふたつの心的状態のあいだの関係を支配する諸法則を発見しようという試みまでには至らなかった」（L・シェルトーク、R・ド・ソシュール『精神分析学の誕生』長井真理訳、岩波書店、一九八七年、二五九頁）

く、欲望、心的な力が働く、きわめてダイナミックなものとして捉え、そうした欲望の葛藤を中心とした無意識の構造を示したのである。

精神分析における心のモデル――フロイトの考えた無意識

フロイトは一般的に無意識と呼ばれているものを、無意識と前意識の二つに分けていた。

少し考えてみればわかるように、私たちが普段、意識しているのはごく限られた範囲のものにすぎない。いま、家の中にいて目の前には机やコップ、パソコンなどが見えているとしよう。このとき、知覚された対象は意識に現われているが、視野に入らない事物は意識されていない。ただ、視野に入っていなくとも、自宅に何があるのかは熟知しているので、少しばかり意識を向ければありありと思い浮かべることができる。また、過去に起きた出来事も思い出すことができる。それらはある意味で無意識だったと言えるのだが、想像したり、思い出したりすることで、容易に意識されるのだ。

このように普段は意識されないが、意識しようと思えばできるようなものを、フロイトは「前意識」と呼び、「無意識」とは区別している。彼の言う無意識とは、意識しようとしてもできない記憶像、観念のことであり、それは思い出したくない、意識したくないために「抑圧されたもの」なのである。

では、なぜ意識したくないもの、「抑圧されたもの」があると言えるのだろうか？

フロイトは神経症の症状、夢、失策行為といった現象の中に、そうした無意識の痕跡があると考えていた。抑圧されたものはある種の欲望であり、それは決して抱いてはいけない欲望であった。

たとえば好きになってはいけない人物に恋をすると、私たちは忘れようとしたり、自分の感情を否定しようとするだろう。なぜなら、その感情を認めてしまえば、自分が不道徳的で罪深い人間であることを認めるようなものであるからだ。

しかし、抑圧された欲望の観念は意識されないまま静かにしている、ということはない。欲望を満たそうとして身体に働きかけ、意識に現われようと活発に動き続けている。その痕跡を、フロイトは夢や神経症の症状、失策行為などの現象の中に見出していた。それらの不可解な現象の意味を一定の法則に従って解読すると、無意識に抑圧された欲望がある、と解釈することができたのである。

それは無意識が単に潜在的なだけでなく、活発に活動していることを示しており、「力動性」と呼べるような性格であった。フロイトは、「たとえどんなに強烈でも意識の舞台に上がってこないある種の潜在的観念が存在する、という確信を得たわけである」（「精神分析における無意識の概念に関する二、三の覚書」[8]）。

こうしてフロイトの初期の無意識モデル（第一局所論）はできあがったのだが、ひとつの疑問がフロイトの頭の中には残っていた。それは、抑圧された欲望が夢や症状として現われる場合、必ずその欲望がバレないように偽装されていた点にある。

たとえば、性欲を示す夢であっても、表面的には性的な問題と無関係な夢になっているし、神経

（8）　G・フロイト「精神分析における無意識の概念に関する二、三の覚書」（『フロイト著作集6』井村恒郎・小此木啓吾他訳、人文書院、一九七〇年、四四頁）

初期の無意識モデル（第一局所論）

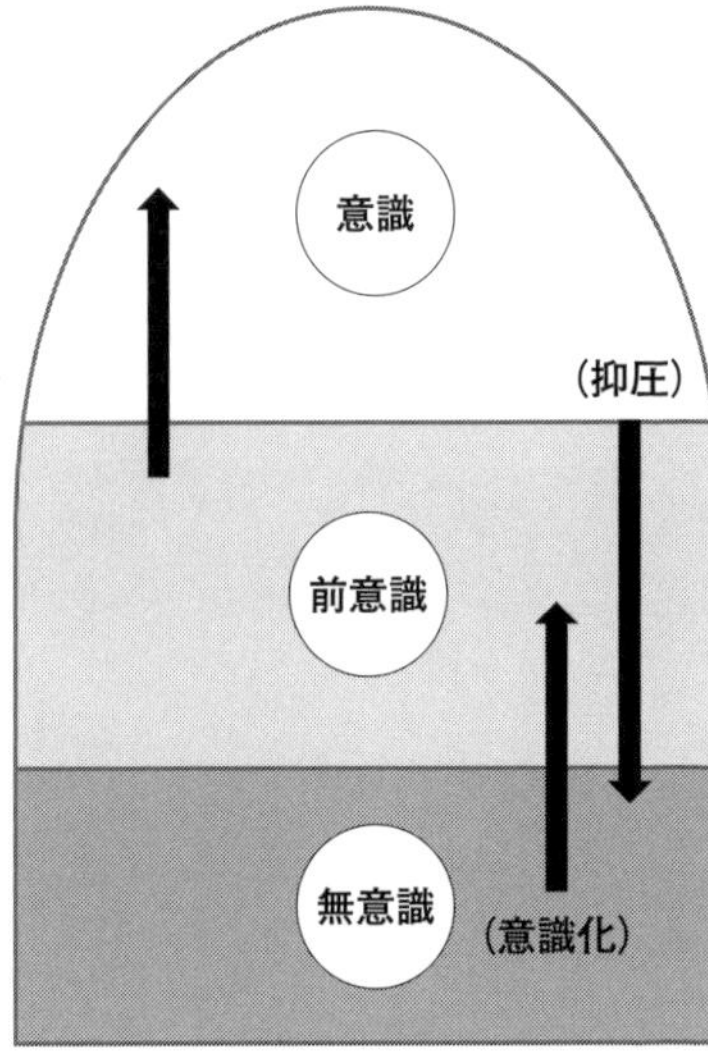

症の症状となるとさらに意味不明な場合が多い。それは自らの性欲を意識したくないからだ。意識すれば、自分が不道徳的な人間だと認めることになり、罪悪感、羞恥心、自尊心の傷つきが避けられない。そのため、無意識にある性欲の観念に偽装工作を行い、性欲だとバレにくいものに変形しているのである。

だが、このような抑圧や偽装工作について、当人は自覚していない。つまり、抑圧された欲望だけが無意識なのではなく、抑圧しようとする自我の道徳心もまた多分に無意識的だったことになる。患者は無意識を思い出そうとする度に、まるで思い出したくないかのように無自覚に抵抗を示すため、無意識の抵抗は道徳心から生じているにちがいない。フロイトはそう考えるようになったのだ。

その後、こうした無意識の道徳心の起源は幼少期の親子関係にあるのではないか、とフロイトは考えるようになった。男児は母親に対する愛情、性的願望、父親への攻撃心が葛藤し（エディプス・コンプレックス）、去勢不安をきっかけに父親の命令に従うようになる。その命令はやがて内面化され、無意識の行動規範、道徳心として影響力を持つようになるのだ。フロイトはこれを「超自我」と呼んでいる。女児の場合はもう少し事情が複雑だが、親の要求や命令を取り入れ、それが無意識の行動規範、道徳心となる点は変わらない。

こうしてフロイトは、心のモデルを修正せざるを得なくなった。抑圧された欲望は「エス」と呼び、超自我は内面化された道徳心、行動規範として、意識的な部分もあるが、無意識的な部分が多い。また、意識を代表する自我にも無意識な部分がある。だとすれば、心は自我、エス、超自我を含んだものとして考えられる。それがフロイトの第二局所論（構造論）と呼ばれる心のモデルである。[9]

こうしたフロイトの無意識に関する心のモデルは有名で、心理学の教科書には必ず登場するので、目にしたことのある人は多いだろう。だが、これはあくまでも仮説であり、科学的に証明された理論というわけではない。

後期の無意識モデル（第二局所論）

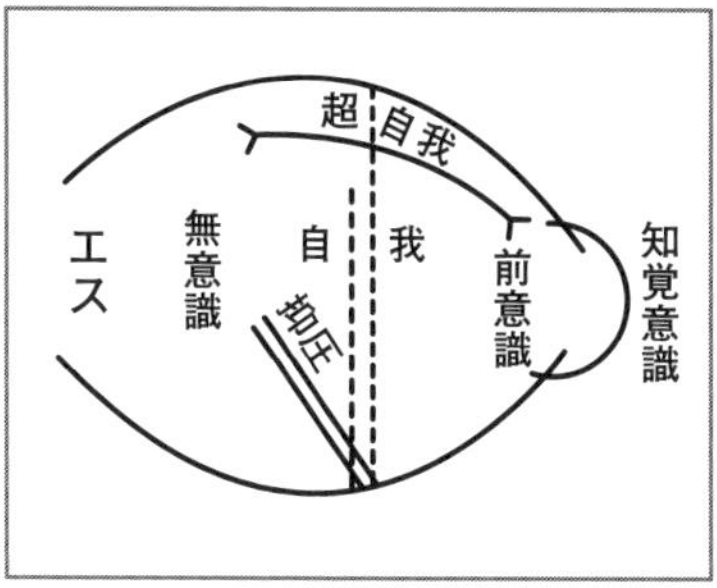

それでも私たちがフロイトの無意識論にある種のリアリティを感じるのは、それが夢や失策行為など、誰もが経験する事象から推論を重ねて構築されたものであるからだ。いささか抑圧された欲望が性的欲望に偏りがちだが、欲望の葛藤や内的な義務感など、誰もが経験する人間の実感に基づいている。だからこそ、フロイトの無意識論は深い人間理解を示すものとして、精神医学や心理学だけでなく、二十世紀の思想、文学、芸術など、広範な領域に影響を与えたのである。

深層心理学の展開――アドラーとユング

フロイトによる無意識の理解を中心とした心理学は、その後、精神分析という治療法の枠を超えて、広く無意識の心理を探究する深層心理学という領域を確立した。代表的人物としてアドラー、ユングの名を挙げることができるだろう。

アドラーは最初、フロイトとも友好な関係で精神分析運動に加わったが、一九一〇年にはフロイトと袂を分かち、翌年、自由精神分析協会を設立した。後に個人心理学と呼ばれるアドラー派の独自な理論展開が始まったのである。

アドラーはフロイトの性的な欲望を中心とした考え方を批判し、劣等感から生じる優越性への欲求を重視していた。彼の患者は裕福ではなく、身体的な劣等感を抱えた者が多かったため、もっと認められたい、優れた人間でありたい、という「優越性への欲求」こそ人間の根源にある欲求だと考えるようになったのだ。

劣等感、優越性への欲求がある目標を生み出し、この目標を達成しようとする行動様式が身につくのだが、こうした行動様式、ライフスタイルについて、本人はほとんど無意識である。ライフスタイルの原型は五歳までに形成されるため、子供時代を振り返り、思い起こす早期回想という方法によって、あるいは身体の動きや態度の観察、そして夢分析によって、初期のライフスタイルを形成したものが何かを知ることができる。特に夢はライフスタイルの無意識的な部分を知る上で有効であり、「無意識の中に、人の運動の線、ライフスタイルを形作る力を求め、見つけることができる」(『人間知の心理学』(10))。そして、ライフスタイルの原因を自覚すれば、劣等感を減らし、目標を変えることも可能になるのだ。

この目標を変えるという点で、重要になるのが共同体感覚であり、それは自分が属する集団や組織の人たちに認められ、貢献したい、一緒に協力して生きていきたい、という感覚である。劣等感から生じる優越性への欲望は自己中心的なものだが、それは成熟すれば共同体感覚に繫がっていくのであり、このとき、人は優越性の欲望と周囲の人々との間で苦しむことがなくなり、自らの行為に意味と価値を見出すことができるようになる。

そこでアドラーの個人心理学では、患者の歪んだライフスタイルの原因を探究し、無意識となっている劣等感、優越性への欲求を自覚させ、社会適応のために要求される共同体感覚を与えようとするのである。

一方、ユングもフロイトとの意見の違いから精神分析を離れ、分析心理学という独自の学派を創始している。

ユングの考えた心の構造は、個人の意識、無意識を超えた領域を含んでいる点で、かなり独特なものだと言える。この個人を超えた心の領域を、ユングは「集合的無意識」と呼んでいる。個人の無意識の奥底には誰もが共有している無意識があり、家族、国家、民族など、集団に共通する無意識が存在する、というわけだ。ユングはこれを地層のような図で示している。[11]

（9）図はG・フロイト「続・精神分析入門」『フロイト著作集1』懸田克躬・高橋義孝訳、人文書院、一九七一年、四五一頁に掲載のものから作成。

（10）A・アドラー『人間知の心理学』岸見一郎訳、アルテ、二〇〇八年、一〇六頁

個を超えた集合的無意識の構造

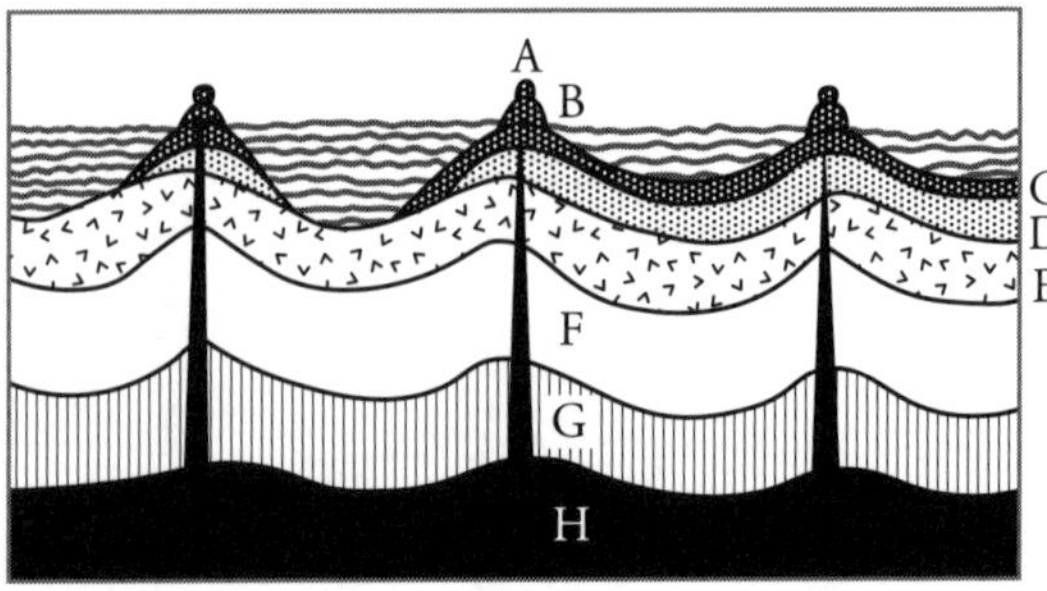

A：個々人　B：家族　C：一族　D：民族
E：大きなグループ（たとえばヨーロッパ人）
F：霊長類の先祖　G：動物全体の先祖　H：炎

また、集合的無意識には人類に共通する型（元型）が存在するという。代表的な元型には、ペルソナ、影、アニマ、アニムス、自己、太母、老賢者などがあり、これらが意識に現われる場合には何らかの視覚イメージとなる。たとえば、夢の中で困難な状況に陥っている時、知性に溢れた老人が現われて示唆を与え、困難を切り抜けることができたとしよう。それは老賢者の元型が原始イメージとなって現われたのであり、集合的無意識が意識の発展と安定化を図り、無意識的な自己との統合を促しているのだ。

しかし、なぜ集合的無意識なるものが存在すると言えるのだろうか？

普通に考えれば、ロマンはあるが、荒唐無稽な仮説にしか思えない。しかし、ユングは人間の夢や空想、幻覚の中に、しばしば特定のテーマに基づくイメージ、物語が現われることに着目した。それが個人的な経験とは無関係な、神話や伝説によく登場するテーマであったからだ。しかも世界中の神話、伝説にはかなり似通ったテーマ、物語が多いことにも何らかの意味があると考えた。

まったく交流がなかったはずの地域で、同じような神話が残されているのは、人間が共通の原始イメージを持っているからかもしれない。人間の意識の奥底には、人類に共有された普遍的な無意識の領域があり、個人の意識に浮かび上がる共通の原始イメージも、そうした集合的無意識にある元型がイメージ化されたものではないか。ユングはそう考えたに違いない。

ユングの分析心理学では、絵画や遊び、箱庭、夢などに現われるイメージには、無意識の欲望や不安が示されており、このイメージを見つめ、対話し、変容させることで、真の自己が顕在化するのだと考える。そうやって無意識を自覚すればするほど、統制の取れた自己へと近づいていく。ユングはこれを個性化、自己実現と呼んでおり、心理的治療の目的に据えている。[12]

それは、無意識の自己が意識に統合されるプロセスでもあり、その際、集合的無意識も多分に干渉してくるため、個人的な経験に元型の生み出すイメージがどう関わっているのか、絶えず留意しながら治療を進める必要があるのだ。

ユングとアドラーは、フロイトとともに深層心理学の巨人と見なされている。彼らの深層心理学は心を意識と無意識の層構造として描き出している点で、無意識を実体的な対象として示し、多くの人々に無意識についての一定のイメージを与えることになったのである。[13]

（11）図はC・G・ユング『分析心理学セミナー1925』S・シャムダサーニ、W・マガイアー編、河合俊雄監訳、創元社、二〇一九年、一三七頁に掲載のものから作成。

（12）「個性化とは何を意味するか。個別的存在になることであり、個性というものをわれわれの最も内奥の、最後の、何ものにも比肩できない独自性と解するかぎり、自分自身の本来的自己（ゼルプスト）になることである」（C・G・ユング『自我と無意識の関係』野田倬訳、人文書院、一九八二年、八五頁）

精神分析諸学派の無意識論――クラインとラカン

ユング派、アドラー派が二十世紀前半に登場して発展する一方で、フロイト以後の精神分析もまた、二十世紀後半にかけて多様な学派に分かれながら発展することになった。

フロイトが晩年、自我の無意識性を重視したことについては、すでに述べたとおりだが、この考えを受け継いだのが、アンナ・フロイト、ハルトマン、クリス、エリクソンなど、自我心理学と呼ばれる学派である。自我心理学では、自我の防衛機制を分析することに主眼を置いている。そのため、治療における抵抗や転移なども、不安に対する自我の無意識的な防衛として捉え、この点に分析の重点を置くことが多い。

自我心理学と勢力を二分する対象関係論には、ビオンらのクライン派とウィニコットらの独立学派の二つがある。どちらもメラニー・クラインの大きな影響を受けているが、彼女の無意識論も乳児期に焦点を当てている点で独特である。

クラインによれば、無意識の防衛反応は乳児期のかなり早い時期から生じている。生後三、四ヶ月の赤ちゃんは授乳において「よい乳房」があると感じており、お乳が与えられない時は「悪い乳房」があると感じ、それを憎み、攻撃したくなる。そしてこの攻撃衝動は「投影」という防衛機制により、「悪い乳房」から攻撃されていると感じられ、迫害されているという不安が強くなるのである。その後、生後五、六ヶ月になると、外的現実に対する認識が深まるため、迫害不安は緩和されるのだが、自分が攻撃を向けていたのは母親だったと気づき、抑うつ的な不安と罪悪感が生じてくる。

これらの不安は適切な防衛の発達とともに軽減される必要があり、「迫害的不安と抑うつ的不安が充分に減じられ緩和されねばならないということが、正常な発達の必須条件」（『妄想的・分裂的世界』[14]）である。そのため治療においては、生後一年間で経験される葛藤や不安の分析が重要になる。

このように、クラインの理論では、生後数ヶ月ですでに無意識的な空想が存在し、しかも「投影」や「分裂」などの無意識的な防衛機制が働いている、と主張されているのである。

ところで、自我心理学と対象関係論という二大潮流が、一九五〇年代以降のアメリカとイギリスで発展する一方で、同じ頃、フランスではラカン派という学派が独自の発展を遂げている。その無意識の考え方についても触れておくことにしよう。

「無意識はひとつの言語のように構造化されている」という言葉にあるように、ラカンは無意識を言語によって構成されたものとして考えていた。言語の意味はシニフィアン（意味するもの）と他のシニフィアンの関係で生じるものなので、無意識はシニフィアンによって構成されている、と言

(13) ユングの考えは後のトランスパーソナル心理学にも影響を与えている。この心理学では個人を超えた意識を重視し、集合的無意識を過去の記憶に基づく前個的無意識と未来に関わる超個的無意識に分けているのだ。また、大乗仏教の瑜伽行唯識学派の影響も見られる。唯識の考えでは、心を五感と意識の他に、マナ識、アーラヤ識という無意識の領域を設定し、八識三層構造で捉えており、あらゆる存在は識（心の働き）で現わされたものにすぎない、とされている。

(14) M・クライン『妄想的・分裂的世界』小此木啓吾・西園昌久・岩崎徹也・牛島定信訳、誠信書房、一九八五年、五八頁

シニフィアンによって構造化された無意識

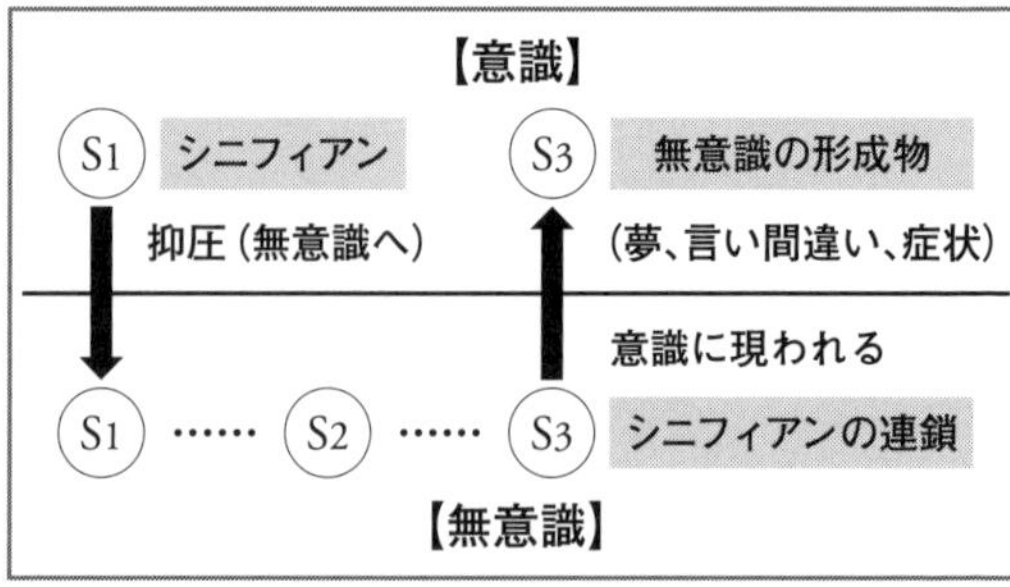

い換えてもよい。[15] 意識において都合の悪いシニフィアンは、無意識に抑圧され、無意識の中で他のシニフィアンとつながりあう。両親の話、語りの中に身を置いていると、その中で受け容れられない言葉（シニフィアン）は無意識に押しやられる。そのため、無意識は親を中心とする他者の語った話（ディスクール）、シニフィアンに溢れている。[16]

抑圧されたシニフィアンは意識されると都合の悪いものなので、そのままでは意識されることはできないが、隠喩や換喩の関係にあるシニフィアンなら、気づかれずに意識に現われることができる。これはフロイトが夢判断において「夢の作業」と呼んだものと同じで、要するに偽装工作であり、別の姿に化けていれば気づかれない。夢や言い間違い（失策行為）、神経症の症状など、「無意識の形成物」はこうして生み出されるのである。

やや単純化して述べたが、実際のラカンの主張はもう少し複雑で、最初に抑圧（原抑圧）されたシニフィアンが核となり、その後のシニフィアンを連鎖的に形成し、様々なシニフィアンの抑圧を惹き起こす基盤となる、とされている。この最初の核となったシニフィアンは、欠如したペニスの象徴、ファルスのシニフィアンであり、いわば存在しないもの、無の象徴であるという。これはフロイトの去勢コンプレックス理論の独自な解釈なのである。

二十世紀の終わりから現在に至る精神分析においては、また新たな無意識論が登場している。特に注目すべきなのは、構成主義の考え方が登場している点であろう。

構成主義とは、現実とは他者とのコミュニケーションによって意味が共有され、構成されたものであり、客観的で動かしがたい真実というわけではない、という考え方であり、社会学や心理学などの人文系の学問、心理臨床などの心のケアの領域に広まっている。

精神分析では間主観的アプローチが代表的で、「精神分析的に知り得るのは、主観的現実――患者のそれと治療者のそれ、そして、両者の相互作用によって創造され、絶えず変遷しながら展開を続ける間主観的な場――である」（『間主観的アプローチ』[17]）とストロロウは述べている。この考え方では、精神分析において解釈される無意識は客観的現実ではなく、患者と分析家の対話によって構成されたものとして捉えられている。

このように、精神分析の領域では、無意識の真理性を否定した新しい考え方が生まれており、そ

(15)「無意識はその本性においてランガージュによって構造化され、緯糸を通され、鎖状に繋がれ、織り上げられています。そして、そこではシニフィアンはシニフィエと同じほど大切な役割を演じているというに留まりません。むしろ、シニフィアンこそが基本的な役割を演じているのです。実際、ランガージュをランガージュたらしめているのは、シニフィアンの体系そのものです」（J・ラカン［J－A・ミレール編］『精神病（上）』小出浩之・鈴木國邦・川津芳照・笠原嘉訳、岩波書店、一九八七年、一九六頁）

(16) これが「無意識は他者のディスクールである」というラカンの有名な言葉の意味である。

(17) R・D・ストロロウ、B・ブランチャフ、G・E・アトウッド『間主観的アプローチ』丸田俊彦訳、岩崎学術出版社、一九九五年、九頁

れは無意識の解釈が真実であるかどうかよりも、患者と治療者が無意識の意味を共有し、患者がそれを納得すれば治る、というものだ。このような学派では、患者個人の無意識内容より、治療者と患者の関係における無意識的な働きに焦点を置いているのであり、こうした関係論の視点は急速に広まりつつある。そして近年では、脳神経科学の観点から治療者と患者のコミュニケーションにおける無意識の働きを研究するような、新しい精神分析も登場しているのである[18]。

なぜ無意識への関心は高まったのか?

以上のように、十九世紀末から二十世紀初頭にかけて、無意識への関心は急速に高まり、催眠の研究から精神分析、深層心理学の誕生に至るまで、多様な展開を見せるまでになった。それは現在に至るまで発展を続け、深層心理学以外にも多様な無意識論が登場している。では、なぜ十九世紀以降、無意識への関心が高まったのだろうか?

それはロマン主義が広まったことと関係がある、とエレンベルガーは述べている[19]。

当時、ヨーロッパ社会では啓蒙主義が広まり、合理性や社会の価値を重んじた考え方が大きな影響力を持っていた。不合理な考えを排除し、物事を合理的に考えれば、正しい答えが導かれ、よりよい生き方、よりよい社会が実現できる。そして、人間は理性的な存在であり、そうした生き方、社会を実現する力を持っている。これが近代の啓蒙主義、合理主義における人間像である。

しかし、このような考え方に反発し、不合理なものや感情的なものを礼賛する人々も少なくなかった。それはロマン主義と呼ばれ、十九世紀前半にドイツから西欧諸国に広まっている。ロマン主義は啓蒙主義とは正反対の考え方であり、近代社会の啓蒙主義、合理主義への反動として登場したのであり、そう考えると無意識に関心が集まった理由も頷ける。無意識は、人間が必ずしも「理性的な存在」ではなく、不合理な行動を取ってしまう「非理性的な存在」であることを示す、重要なキーワードだったのかもしれない。

このような非理性的な存在という人間像は、二十世紀に入ってますます注目を浴びるようになった。特に戦後の思想、哲学の領域では、近代哲学の理性主義、意識主義を批判する声は強く、反近代の思想が溢れかえる状況となった。それは、二度の世界大戦、特にユダヤ人を虐殺したホロコースト、広島、長崎への原爆投下、ソ連におけるスターリンの粛清、中国の文化大革命など、人間の犯した大量殺戮の過ちがあまりに悲惨なものだったからである。

近代以降、人間は合理的に物事を考える方法を身につけ、不合理な迷信を排し、より優れた社会を構築する術を手に入れたはずだった。科学は進歩を続け、民主主義の考えが広まり、豊かな社会が実現できると信じていたのだ。ところが、科学は大量破壊兵器を生み出し、人々は独裁者や危険なイデオロギーを信じ、歴史上まれにみる大量殺戮、戦争をもたらしたため、私たちは人間の理性

(18)　この領域はショアの研究が有名。ショアによれば、「発達神経精神分析における私の研究は、人間の無意識の生物学的基盤をなす「関係的無意識」と右に局在化された「社会脳」の発達早期の展開を論じている。現在、脳の局在化研究の大部分は、「左は意識的な反応に関与し、右は無意識の心に関与している」という原理を確実なものにしている」（A・N・ショア『右脳精神療法』小林隆児訳、岩崎学術出版社、二〇二二年、一六頁）。

(19)　H・F・エレンベルガー『無意識の発見（上）』木村敏・中井久夫監訳、弘文堂、一九八〇年、三六〇〜三六六頁

を信じ切れなくなってしまった。

こうして、理性に対する信頼は失墜し、人間は不合理で非理性的な存在ではないか、という新たな人間像がリアリティを持つようになった。私たちは理性的に行動するどころか、感情的で、衝動に支配されやすい。いや、そもそも理性的な判断が正しい道を選ぶとは限らないし、むしろ過ちを犯し、暴力や迫害を正当化することさえある。

フランクフルト学派のホルクハイマーとアドルノは、ナチズムによる蛮行を理性の退行として捉え、近代的な理性の問題点を徹底的に批判している。また、レヴィ＝ストロースやフーコーらの構造主義は、人間の行動がいかに無意識に規定されているかを、社会構造の緻密な分析によって炙り出している。フロイトがニーチェやマルクスと並ぶ現代思想の源流と言われているのも、人間の行為が無意識の強い影響を受けていることを、最初に明らかにしたからなのだ。それは近代的な啓蒙主義、理性主義への批判というだけではない。近代哲学の土台となった観念論の考え方、全てを意識に還元する意識主義に対する批判でもあった。

こうして現代では、人間は無意識に規定された存在である、という人間観が広まっている。それは思想や哲学など、学問の領域だけの話ではない。多くの人が歴史から学び、また日常的に人間の愚かな行為を目にし、悲惨な事件のニュースを耳にしているため、誰もが人間の愚かさを知り、単純に人間の進歩や賢さを礼賛できなくなっている。そして、人間の心の奥底に何か得体のしれないものがあると感じ、その正体を知りたいと多くの人が考えている。

合理的解釈の可能性

しかし、無意識への関心が生まれた理由を、ロマン主義の流行、理性的人間像への不信、合理主義への批判、という側面からのみ説明することには無理がある、と私は考えている。確かに、そうした面もあることは否定できないが、反合理主義の観点から無意識への強い関心が生まれた、というのは言い過ぎのように思える。むしろ合理主義の観点があってはじめて無意識に光が当てられるようになった、と考えるべきなのである。

そもそも無意識の研究対象となった夢や夢遊病、催眠状態、ヒステリー症状などは、私たちの外部にある何者かの仕業だと考えられていた。精霊、悪霊、悪魔などが心を操り、悪夢や幻覚を見せたり、夢遊状態や催眠状態で身体を動かしたりする、という発想は、ヨーロッパ社会に限らず、近代以前ならごく一般的な考え方であった。実際、それらへの対処法はシャーマンによるお祓いや悪魔祓いの儀式であったし、心の内部の問題とは見なされていなかったのだ。

ところが近代になって啓蒙主義、合理主義が広まり、科学が発展してくると、次第に悪霊のような超自然的現象を素朴に信じることはできなくなってきた。宗教的信仰はゆらぎ、不合理なものを排除する傾向に拍車がかかり、魔女狩りはまだ部分的に残っていたが、悪魔憑き、悪魔祓いは敬遠されるようになっていた。ヨーロッパが近代社会へと向かう中で、不可思議な現象に対する宗教的な解釈、盲信はゆらぎ、合理的な説明を求める人々が増えていったのだ。

無論、十九世紀においては、まだ超自然的現象を素朴に信じる人々も少なくなかったが、学問に関心のある人々は合理主義へと傾いていた。彼らは夢遊状態やヒステリー現象、催眠状態など、当人にさえ理解できない不可解な身体の現象について、合理的な説明を求めたのである。

こうして、自分自身の身体なのにコントロールできない、意識して身体を制御することができない現象について、心の外部にある超自然的存在の仕業ではなく、心の内部に原因があるという視点がもたらされた。ただ、心の内部に原因があるとしても、それは自覚できないし、意識されることがないため、心には意識できない部分がある、ということになる。こうして見出された意識できない心の領域こそ、「無意識」と呼ばれるものだったのである。

このように、無意識の発見は啓蒙主義や合理主義への反動というより、むしろ啓蒙主義、合理主義の思考がもたらしたものであり、不可解な現象に対する合理的な説明の試みだったと考えた方が適切である。

なるほど、近代的な合理主義への反動として、無意識がロマン主義、現代思想において重視されたのも事実であり、その流れでフロイトも現代思想の源流に祭り上げられたところはある。しかし、フロイト自身は無意識の科学的解明、合理的説明を求めていた。彼は反近代を掲げる現代思想の源流として捉えられることが多いのだが、人間の合理的判断と自由を重視した近代主義者だったのである。

自由に必要な自己理解

近代化の波が無意識への関心を高めたと言っても、それは心理学者や精神科医、哲学者など、一部の専門家だけの話ではないか、と思うかもしれない。確かに十九世紀まではそのとおりだが、二十世紀の歴史を振り返ると、無意識への関心が一般の人々の間でも急速に広まっていったことがわかる。

現在でも、多くの人が大衆向けの心理学書を読み、自分自身の無意識を知りたいと思っている。自分探しの旅をしたり、カウンセリングに通ったり、自己啓発セミナーにはまったり、新興宗教の活動に勤しんでいる人も少なくない。それは、現状の自分に違和感を抱き、自分のことを知りたい、「本当の自分」を見出したい、という自分の無意識に対する関心を示している。

フロイトの精神分析がこれほど世界に広まったのも、こうした「本当の自分」を知りたい、という現代的な欲望と無関係ではないだろう。私たちは自分の問題を過去のトラウマや親子関係の中に見ようとする傾向が強いのだが、この考え方自体、フロイトの影響によって確立されたものだと言える。

誰もが自らの心に未知なる部分を感じ、そこに自分の本音や真実を見出そうとする。自己不全感を払拭し、自分の納得のいく行為の選択がしたい、偽りの自分を演じるのをやめ、本当の自分の生き方を見つけたい。そう感じているのである。おそらく、こうした欲望と不安こそが無意識への関心を生み出しているのだろう。

このことは、近代社会が自由に生きる可能性をもたらしたことと無関係ではないはずだ。

近代になるとヨーロッパ社会では民主主義が広まり、個人が自由に生きる可能性が広まった。そのことによって、私たちは自らの生き方に悩むようになり、自分が本当に望む生き方を求めて自分自身の内面に問いかけるようになったのだ。自分の現状に満足できていない人間、生き方に迷っている人間は、自分がどのように生きたいのか自問する。自分でも理解できていない、自分自身の本当の望みがあるのではないか、無意識の欲望があるのではないか、と考えてしまうのである。

近代以前には、このような悩みはほとんどなかったに違いない。なぜなら、生まれながらにして自分の生き方は決まっており、職業も決められていた。それは自分の意志では変えられないことであり、考える余地などなかったのだ。農家に生まれた子供は農業をやって生きるしかないし、自分が農民であるというアイデンティティにゆらぎも不安もない。日常の行為も社会の価値観に沿って行動する以外になく、選択の余地など存在しない。だとすれば、自由はないが、生き方に迷う必要もないだろう。

しかし、自由に仕事や生き方が選べる、自分の意志で行為を決断できるとしたら、どのように生きるべきなのか、何を選ぶのが最善なのか、私たちは必死で考えようとするだろう。失敗がないように、後悔しないように、懸命に考えるに違いない。自分が何をしたいのか、何をすべきなのかを考え、逡巡する。

だが普通、答えは簡単には見つからない。それは、人間がただ一つの欲望を抱き、その欲望に従えばハッピーになれる、というほど単純な存在ではないからだ。ご馳走をたらふく食べたいと思っても、健康でありたい、太りたくない、という欲望を持っていれば、遠慮してしまうかもしれない。学校や仕事を休みたいと思っても、怠け者と思われたくない、周囲にほめられたい、という欲望があれば、がまんしてがんばるしかない、と判断するだろう。

人間は複数の欲望を同時に抱え込んでいる存在であり、そのため自分で行為を選べる状況であっても、簡単には決められない。しかもこうした欲望の葛藤を、必ずしも自覚できるわけでもない。私たちは他者の要求や期待に配慮して、しばしば自分の欲望を抑制するのだが、そのうちこの欲望が自覚できなくなることもある。それがフロイトの指摘したように、無意識的な抑圧によるものかどうかは定かではないが、自らの欲望に気づけなくなる場合があるのは事実である。

だからこそ、私たちは自分でも気づかない自己の欲望を理解したい、と考える。それは自由に生きるためにどうしても必要なことなのだ。

自由に生きるとは、したいことができることであり、納得して行為を選択できることである。自由に生きられる環境があっても、自分の欲望がわからなければ、十分に納得した行為の選択、生き方の選択をすることはできない。自分がどうしたいのかを理解し、納得した上で判断できるのでなければ、自由を感じることなどできないのだ。

では、本当の自分はどうしたいのか？　自分はどのような存在なのか？

ここに自らの無意識への関心が生まれてくる。自分がどのような人間であり、何を望んでいるのか、自分の無意識に潜む欲望を見出し、本当の自分を見つけたい。そうでなければ、周囲に同調した偽りの自分、偽りの人生を生きているという虚しさを拭えない。私たちは自由に生きたいからこそ、無意識を知ろうとするのである。

無意識を知ることはできるのか？

さて、現代社会における無意識への関心は、自由な社会であることと深い関係にあることが見えてきたと思う。

自由に生きられる社会であるがゆえに、私たちは自らの生き方やアイデンティティに不安を抱き、自分を知りたいと思うようになる。どれほど社会が民主的で自由に生きる条件を整えても、そうした外的な条件だけでは自由を感じて生きることはできない。自分のやりたいことを見つけ、それを自覚できることが、納得した行為の選択につながり、自由の実感を生み出すのであり、自己理解という内的な条件が必要なのである。

このように言うと、では自由な社会は不安と悩みを増やしただけではないか、決められたことをやっているだけのほうが楽ではないか、と考える人もいるだろう。なるほど、自分の生き方、アイデンティティの不安は強くなったかもしれない。「自由とは不安のめまいである」とキルケゴールは言ったが、これは自由が自己決定の不安を生むことを適切に示している。

しかし、自由に生きる権利と可能性を知った私たちは、もはや自由をなくして幸せを感じることはできない。決められた道に沿って生きるのは、ある意味で悩みから解放され、アイデンティティも安定するように思えるが、自由の可能性を知った人間は、もはやそれでは満足できなくなる。よほど恵まれた環境でないかぎり、もっと自分らしい、違った生き方があるのではないか、自分が本当に納得できる道があるのでは、という思いを拭い去ることができないはずだ。

自由な社会は人類が長い歴史の中でようやく手に入れたものであり、いまさら自由のない社会へ後戻りすることはできないし、もし仮にそうなれば、そこには現在よりもはるかに不満足な生活が待っているに違いない。なるほど、自由に生きることは簡単ではないかもしれない。だが、それは幸せを得る上で不可欠なものであり、決して手放してはならないのだ。

必要なのは自由に必要な自分自身の本当の望みを知る方法である。それは知られざる自分について知る方法、と言ってもよい。つまり、無意識を知る方法が重要ということになる。

精神分析がこれほど世に広まったのは、そこに自らの無意識を知るヒントがあると多くの人が思っているからだ。その意味でも、フロイトの登場は時代を象徴するものだったと言ってよい。彼が無意識の中に抑圧された欲望を見出したからこそ、自分がどうしたいのか悩み、迷っていた人々は、その答えが無意識の中にある、と思うようになったのであり、それを知るための方法もある、と信じるようになったのである。

だが、本当に無意識を知ることなどできるのだろうか？

2章　無意識はあるのか？——科学の研究と哲学の視点

深層心理学は科学なのか？

フロイト以後、精神分析以外にも多くの無意識論が乱立し、各々が正当性を主張し続けてきた。その多くは、意識と無意識を複雑な地層のような構造として描いたモデルを有しており、私たちはこうした無意識モデルに慣れ親しんでいるため、どうしても無意識を実体的に捉え、ある種の深層構造をイメージしてしまいやすい。まるで深海の奥底に、自分でも気づかない欲望や不安が滞っているかのようなイメージ。精神分析や催眠によって、それらは意識の舞台へと浮かび上がってくる、というイメージを。

こうした理論はある意味とても興味深いもので、人間の心の深淵を知り得る可能性を感じさせる半面、うさんくさいと感じさせる部分があることも否めない。事実、かなり根拠の薄い無意識のモデル、理論もたくさん出回っている。

なるほど、フロイト、ユングらの無意識論は、彼らの治療経験をはじめとして、様々な事例から抽出された理論であり、それなりの根拠は提示されている。特にフロイトの無意識論は、前意識と無意識を区別していたり、無意識に感じる当為、義務感を超自我として理論化している点など、自らの経験を内省してみると思い当たる点が少なくない。

しかし、そうした内的な実感だけでは科学的な根拠になるとは言えない。フロイトは自らの理論が科学的に証明されるものだと信じていたが、残念ながら百年以上を経た今日においても、この無意識論に科学的なエヴィデンスがある、という話は聞かない。それどころか、精神分析は非科学的な理論として批判され、今日では治療法としても斜陽の時代を迎えている。

高名な科学哲学者であるカール・ポパーはフロイトやアドラーの理論について、ある出来事をフロイト的にもアドラー的にも解釈できること自体が問題だと述べている。どちらも少数の事例をもとに、自分の仮説が証明できたと主張することはできるが、それは解釈次第でどうとでも言えるところがあるからだ。

複数の理論仮説が対立している場合、それぞれの仮説について間違っていることを証明する方法があれば、間違った仮説は淘汰され、特定の仮説だけが生き残るだろう。科学は実験や観察をとおして仮説の正しさを検証するのであり、その結果、正しい理論だけが残っていくことになる。ところが深層心理学の無意識仮説の場合、こうした検証自体ができないのだ。そのため、各々の学派が正当性を主張し続け、淘汰されるどころか、新しい仮説が次々と乱立し、収拾がつかない状態になっている。

間違っていることを証明する可能性、つまり反証可能性がないからこそ、このようになっているのであり、ポパーによれば、「考えうるいかなる出来事によっても反駁できないような理論は、科学的な理論とは言えない」（『推測と反駁』[20]）。つまり、フロイトやアドラーの無意識論は科学の理論ではない、ということになる。これはユングなど、他のすべての深層心理学の無意識仮説にも同じことが言える。

ただ、精神分析その他の深層心理学における心の治療法は、治療結果のデータが統計的に検証され、一定の治療効果が認められているため、科学的なエヴィデンスがある、と主張する人々もいる。だがそれは治療効果の根拠（エヴィデンス）にはなっていても、理論の正当性を示す根拠にはなっていない。深層心理学の無意識モデルは科学的に証明できないし、反証することもできないのだ。

そもそも自然科学の対象である事物は観察が可能であり、肉眼では確認できなくとも、望遠鏡や顕微鏡など、様々な道具を介してその実在を検証することができる。しかし、深層心理学が主張するような無意識の心のモデルはそれができない。

では、無意識は科学の対象とはなり得ないのだろうか？　科学者の多くは証明し得ない無意識など否定し、相手にしていないのだろうか？

科学は無意識をどう考えているのか？

自然科学に関わる研究者の多くは、深層心理学的な無意識論を安易には信じない。それは科学的に証明できない無意識モデルであるからだ。しかし、だからといって無意識を否定しているわけでもない。彼らとて、日常生活の中で自分自身の無意識的な部分を感じ取っているため、無意識の存

(20) Ｋ・Ｒ・ポパー『推測と反駁』藤本隆志・石垣壽郎・森博訳、法政大学出版局、一九八〇年、六三頁

在自体は否定していないのだ。そして今日では、科学者は無意識を脳との関係で論じることが圧倒的に多い。

脳神経科学の考え方によれば、意識を生み出すのは脳である。とすれば、当然、無意識も脳との関係で考えなければならない、ということになる。

そもそも意識というもの自体が、科学の対象にはなりにくいものだ。それは事物ではないし、客観的な観察ができる対象ではないのだから、もっと別の次元で考えなければならない。デカルトが心と物の領域を分けて以来（物心二元論）、科学の対象はあくまで物として捉えられてきた。しかし近年、脳科学の急速な発展によって、意識を脳、神経と結びつけて解明しようとする研究者が現われ、意識研究は脳神経科学や認知科学のホットな研究テーマとなっている。

青空を見た時の青い感じや、ケーキを見た時のおいしそうな感じなど、意識に現われる主観的な感じ（感覚的質）をクオリアというが、これも脳内のニューロン活動によって生じると言われている。それと同じように、現在では、無意識も脳の活動との関係で論じられるようになっている。

たとえば、人は何かを喋る時に、あらかじめ発話の内容を意識していない。私たちは何かを語るとき、語る内容を大雑把には意識しているが、細かい点までは意識していないものであり、いちいちどの言葉を選ぶか考える前に、べらべらと喋りはじめている。この現象について脳科学者の茂木健一郎は、喋った後で言葉は聴覚で認識され、はじめてその内容が意識に上る、と述べている。「意識に上るプロセスも、無意識の下に沈むプロセスも、同じようにニューロンの発火によって支えられている」（『クオリア入門』[21]）のであり、脳内におけるニューロンの活動が無意識の反応を生み出している、というわけだ。

認知神経科学の研究者である下條信輔によれば、そもそも意識より無意識の方が科学で解明しやすいという[22]。なぜなら、意識は身体の反応・行動を客観的に調べるだけでなく、そのときの意識内容を内省し、そこに身体反応とのつながりを見出す必要があるのだが、無意識は意識を内省してもわからないため、このつながりを考える必要がないからだ。無意識は意識されない身体の反応、行動の中に見出されるので客観的観察が可能であり、むしろ科学の対象になりやすいとも言える。

たとえば、赤ちゃんの行動は無意識的なものだが、その行動を客観的な行動観察や生理的反応、脳の活動から研究することは可能であり、実際、そうした赤ちゃん研究はかなり進んでいる。しかし、赤ちゃんに自己意識がめばえ、その意識について研究しようとするなら、問題は複雑になってくるだろう。なぜなら、赤ちゃんの意識を捉えるには、脳の活動や身体反応を観察するだけでなく、赤ちゃん自身にその主観的な世界を尋ね、そのつながりを考える必要があるからだ。

意識の研究は主観的な内省を必要とする、という点で大変厄介なものだと言える。それに対して、無意識の研究は生理的反応、知覚、行動のデータを集め、脳や神経の活動との因果関係を論じればよい。それらの行動や反応は意識されていないはずなので、研究対象となっている人物に内省してもらっても自覚はない。そう考えると、無意識を科学の対象として研究することは、決して難しくはないはずである。

（21）茂木健一郎『クオリア入門』筑摩書房、二〇〇六年、一六二頁
（22）下條信輔『〈意識〉とは何だろうか』講談社、一九九九年、二二〇頁

行動に意識は必要か?

すでに述べたように、近年、神経科学の急速な進歩により、無意識の行動、身体反応のメカニズムが別の観点から解明されつつある。ある行動や身体の反応を調べると、考えるより以前に脳の活動は始まっていて、身体が動くように指示を出していた、というような例はたくさんあり、意識の関与しないところで身体が反応していた、行動していた、という証拠も次々と明らかになっている。このため、無意識の問題はいずれ脳科学が解明し得る、という期待が高まっているのである。

この領域に先鞭をつけたのは、神経生理学者のリベットだろう。彼は人間の感覚に多様な刺激を与えると、その刺激に気づくのに〇・五秒必要であることを発見した。刺激を与える時間がそれ以下であれば気づかないし、被験者は「何も感じなかった」と報告する。ところが私たちの身体は、こうした気づきよりも早く反応していることがわかっている。それはまさに、無意識のうちに反応していたとしか考えられないのだ。

リベットはこんな例を挙げている。街中を時速五十キロで車を運転しているとき、突然、ボールを追いかけてきた幼い少年が、車の前に飛び出してきたので、ブレーキペダルを踏んで車を急停止させたとする。これは、飛び出したことに気づいたのでブレーキを踏んだように見えるが、この感覚信号のアウェアネス(気づき)が生じるには、感覚野の活性化が約〇・五秒続かなければならない。しかし運転者は、少年が現われてから〇・一五秒足らずでブレーキを踏んでいるのであり、これは意識において気づく前に、すでに身体が反応していたことになる。

「自発的な行為の開始は、脳の中で無意識に生じます。——しかも、動こうとする意識的な意図への自覚がまったくないうちに」（『マインド・タイム』[23]）と、リベットが述べているように、瞬時の判断、行為の多くは、意識される以前に、無意識のうちになされている。子供に気づいて「止まらねば」と意志決定する前に、すでに身体は車を止める行動を始めていたのである。これは自由意志の存在を否定しかねない、驚くべき事実として注目されてきた。

認知神経科学者のガザニガも似たような例を挙げている。

ガラガラヘビのガラガラという音を聞いたり、草むらに動く姿を見れば、私たちは瞬時に飛び退くはずだが、こうした感覚が大脳皮質に伝わり、意識され、行動に移るまでには多少時間がかかるはずであり、それほど瞬時に反応できるわけがない。まさに、無意識のうちに飛び退いたとしか言えないのだ。それが可能なのは、意識されなくとも、偏桃体が過去の危険に結びついたパターンを感知し、脳幹に直接連絡し、逃走反応を作動させることができるためだ、とガザニガは述べている。[24]

飛び退く動作は、意識的に判断し、決定したことではないのである。

また、人間は無意識に反応した後で、それが意識的に選択したものだと、後から理由づけることがあり、それを示した実験もある。

被験者に二枚の顔写真を見せて、数秒のうちに好みの顔を選んでもらい、その後、選んだ顔写真を渡し、その理由を説明してもらうのだが、選んだ顔写真を手渡す際にある仕掛けを使い、数回に一回、選ばなかったほうの顔写真を手渡すのだ。しかし、被験者は選ばなかった写真を手渡されて

（23）　B・リベット『マインド・タイム』下條信輔・安納令奈訳、岩波書店、二〇二一年、一二六頁
（24）　M・S・ガザニガ『人間とはなにか（上）』柴田裕之訳、筑摩書房、二〇一八年、一一七頁

も、気づかないだけでなく、なぜその顔が好みなのかを説明しはじめた[25]。

この実験は、人間が好みの顔を短時間で選ぶ場合、必ずしも理由があって選んでいるわけではなく、無意識のうちに選んでおり、その理由は後から作り出していることを示している。瞬時に好みの顔写真を選ぶ脳の働きと理由を考える脳の働きは、必ずしもつながっていないのだ。

このように、人間の行動の多くは意識されない脳の中で決定されている、ということを示す実験や事例は少なくない。無意識の反応、行動に対して、意識は後から理由を考えだし、まるで自分が行動を瞬時に決定したかのように思い込む。だがそうした事例について脳を調べてみると、意識的な思考が始まる以前に、その行動を指令する脳の活動が生じている。そのことによって、多くの行動はスムーズに行われるのである。

もしあらゆる行為を意識的にコントロールしようとすれば、行動はぎこちなくなり、上手くいかなくなるだろう。この点について、神経科学者のイーグルマンは次のように述べている。

あなたの内面で起こることのほとんどがあなたの意識の支配下にはない。そして実際のところ、そのほうが良いのだ。意識は手柄をほしいままにできるが、脳のなかで始動する意思決定に関しては、大部分を傍観しているのがベストだ。わかっていない細かいことに意識が干渉すると、活動の効率が落ちる。ピアノの鍵盤のどこに指が跳ぼうとしているのか、じっくり考え始めると、曲をうまく弾けなくなってしまう。（『あなたの知らない脳』[26]）

イーグルマンの主張するように、意識が関与しない方がスムーズにことが運ぶ場合が多い。私たちは多くの行動において無意識であり、そこに意識を向けることはない。いちいち行為に注意を向け、意識して身体を動かそうとすれば、逆に身体はぎこちない動きしかできなくなる。そして、こうした無意識の行動はたとえ意識していなくとも、脳が指令を出しているのである。

神経科学の成果

無意識に関する科学的な研究は、無意識の行動以外においても数多くなされている。

たとえば、麻酔にかけられている患者が無意識に耳にした外科医の発言内容が、後の回復に影響を与える、という証拠も見つかっている。外科医のポジティブな発言は患者の回復を早めるが、ネガティブな発言は回復を妨げる可能性があるのだ。また、困難な数学的問題に対して、意識的な立証を経ずに直観的に「わかった」と感じたり、クリエイティブなアイデアが突然浮かぶような場合には、無意識の思考が働いていた可能性があり、それを検証しようとする研究もある。

無意識の記憶の働きに関する興味深い実験もあり、潜在記憶の研究で有名なシャクターによれば、相貌失認患者はよく知っている人（熟知人物）の顔すら認識できないが、その人に関する潜在的な知識はあることが、数名の研究によって発見されているという[27]。

(25) ペータ・ヨハンソンとラース・ホールの実験（渡辺正峰『脳の意識　機械の意識』中央公論新社、二〇一七年、一四八頁）
(26) D・イーグルマン『あなたの知らない脳』大田直子訳、早川書房、二〇一六年、二一頁
(27) D・L・シャクター「記憶を求めて」北川玲訳（R・W・ゼーモン、F・ゴールトン、D・L・シャクター『無意識と記憶』高橋雅延・厳島行雄監修、岩波書店、二〇二〇年、一九四頁）

トラネルとダマシオは、熟知人物と未知人物の顔写真を相貌失認患者に示し、生理学的覚醒の指標である皮膚コンダクタンス反応[28]を記録したところ、患者はどの顔も意識的には再認できなかったにもかかわらず、皮膚コンダクタンス反応は熟知人物の方が大きかったのだ。つまり、知っているはずの人の顔を見ても誰だかわからないのだが、身体は（まるでその人を知っているかのように）反応していたことになる。その後、プライミング技法を使った研究により、再認できなかった顔についての潜在的な知識を持っていることが明らかになったのである。

さて、神経科学、認知科学における無意識の研究について述べてきたが、こうした研究が無意識の行動について多くの謎を解明していることは間違いない。ただ、それは無意識と呼ばれる現象の身体的なメカニズムを解明しているのであって、多くの人が期待しているような、無意識にあると想定された欲望の謎を解き明かすものではない。精神分析その他の深層心理学があれほど魅力的だったのは、無意識の中には欲望、不安、「本当の自分」があり、それを知るための方法がある、と主張していたからだが、脳神経科学や認知科学といった実証科学は、そのような内容を含んだ無意識の理論は、無意識を実体化した証明し得ない仮説と見なすだろう。

では、無意識を知ることで、自らの欲望や不安を知り、「本当の自分」を見出せる、という考えは全く荒唐無稽なものなのだろうか？

私はそうは思わない。なるほど、無意識の中に欲望が抑圧されている、という科学的な証明はできないだろう。しかし、私たちは誰でも日常生活の中で、自分自身の行動や身体の反応、感情に無意識の欲望や不安を見出し、その都度、新たな自分を見出しているはずだ。とすれば、そうした無意識を感じる経験には、私たちの行動選択、生き方に関わる重要な意味があるに違いない。

この問題を理解するためには、無意識を感じる経験の本質を問う必要があるのだが、深層心理学はその問いを解明できていない。実証科学もそれは同じだ。無意識的な身体の反応、行動を惹き起こしているメカニズムに、脳やニューロンがどのように関わっていようと、それは私たちの生において無意識と呼ばれる現象が何を意味しているのか、それを解き明かしているわけではないのである。

リベットは「ある事象についてその人に報告可能なアウェアネスがない場合、その心理的機能または事象を無意識と私たちはみなします」（『マインド・タイム』）[29]と述べ、それが無意識の定義だという。なるほど、ある行動、ある身体の反応について、そこに意識的な気づきがなければ、それが無意識と呼ばれる事象なのは確かだ。しかし、これだけでは無意識という現象の本質を十分に言い当てたことにはならない。

では、無意識とは何だろうか？　それは、私たちの生にとってどのような意味があるのだろうか？

哲学にとっての無意識

「〜とは何か？」という本質を明らかにすることは、ソクラテス以来、哲学の重要な仕事である。

（28）皮膚の電気特性が連続的に変化する反応であり、身体的興奮の徴候として、感情やストレスを測定する指標となる。
（29）B・リベット『マインド・タイム』下條信輔・安納令奈訳、岩波書店、二〇二一年、一二三頁本質とは誰もが納得し得るような、共通了解（合意）が可能な意味のことだ。ソクラテスを主人公とする数々の対話篇を書き記したプラトンは、「勇気とは何か」「徳とは何か」「正義とは何か」「愛とは何か」など、様々なテーマについてその本質を探し求める対話を描いている。

近代以降の哲学においても、多くの哲学者たちが自らの関心のあるテーマについて、優れた本質の考察を残している。ヘーゲルが『法の哲学』において論じた自由の本質はきわめて説得力のあるものであり、キルケゴールも『不安の概念』の中で不安の本質について論じている。二十世紀に入ると、フッサールが本質を明らかにする思考法として現象学を創始し、その影響を受けたメルロ＝ポンティは『知覚の現象学』で身体の本質を、そしてハイデガーは『存在と時間』において死の本質や人間のあり方そのものの本質を考えている。

では、無意識の本質もまた、哲学、特に現象学の考え方で解明できるのではないだろうか？しかし、これまで無意識の本質を考察するという試みは、哲学者によってはほとんどなされてこなかった。というより、あらゆる対象を意識へ還元する現象学、さらには近代哲学の観念論的方法においては、無意識が意識の反対概念であるがゆえの混乱があったと言える。なぜなら、デカルト、ヒューム、カントらの近代哲学、そして現象学においては、認識問題を考える上で、意識に現われたものだけを対象とする方法を取っていたからだ。そのため、無意識は意識されないものである以上、認識の対象になり得ない。そう考える哲学者が多かったとしても不思議はない。

近代において、無意識が全く問題にされなかったわけではない。たとえば十八世紀半ばにおいて、ライプニッツは『人間知性新論』の中で、人間には自覚されない知覚があると主張している。また、『モナドロジー』においては、「デカルト哲学の末流が、この点で大きなあやまりをおかしたのも、意識にのぼらない表象は無とみなしたからである」[30]と述べており、デカルトやロックらの観念論を批判すると同時に、精神分析に先駆けて、無意識の表象が存在することを示唆している。

しかし、こうしたライプニッツの主張はあまり評価されず、無意識の問題は哲学の重要テーマとはならなかった。ライプニッツはデカルトの影響を受けた大陸合理論者として知られるが、デカルトの観念論を受け継いだわけではない。意識に現われた対象を中心に考える、というデカルトの観念論的方法はロックやヒュームといったイギリス経験論に受け継がれ、それはカントやヘーゲルへと連なる近代哲学の主流を形成し、フッサールの現象学へとつながっている。その意味では、ライプニッツは近代哲学の傍流に位置づけられ、あまり顧みられなかったと言える。

しかし十九世紀になると、人間の無意識的な面に注目する哲学者が他にも登場しはじめた。ショーペンハウアーの論じた「盲目的な意志」もその一つだが、明確に「無意識」という言葉を用いているわけではない。十九世紀後半になると、ハルトマンの『無意識の哲学』が発表され、ジョン・スチュアート・ミルは無意識には合理的な部分もあると主張している[31]。

また、十九世紀末に出版されたベルクソンの『物質と記憶』には次のように述べられている。

（30）G・W・ライプニッツ『モナドロジー・形而上学叙説』清水富雄・竹田篤司・飯塚勝久訳、中央公論新社、二〇〇五年、七頁

（31）E・S・リード『魂から心へ』（村田純一・染谷昌義・鈴木貴之訳、講談社、二〇二〇年、二一〇頁）によれば、ミルは無意識が合理的で論理的であることを指摘し、それまでの無意識観を変えてしまった。

われわれの知覚には目下現れているイマージュだけが物質の全体でないことは、誰もが認めている。だが他方、知覚されていない物質的対象、現に思い描かれていないイマージュとは、一種の無意識的精神状態でなければ、何でありえよう。(『物質と記憶』)[32]

私たちは部屋の中を見ているとき、意識に現われているのは部屋だけだが、隣の部屋や家の外があることを暗々裏に認めている。それと同様、過去の記憶もまた、現在、意識されていないときも存在している、と認めざるを得ない。記憶は意識されるときに創造されるわけではなく、すでに存在していたはずであり、それは無意識だったと考えることができる。[33]ベルクソンは記憶の問題を論じる中で無意識の存在を認めていたのである。

ちょうど同じ頃、フロイトが精神分析を創始した影響もあり、二十世紀の思想・哲学の領域においても無意識が重要な意味を持つようになった。構造主義、ポスト構造主義など、いわゆるポストモダンの思想は無意識を重視し、人間がいかに無意識に規定された存在であるのかを論じている。

では、なぜ現代哲学では無意識が重視されるようになったのであろうか?

近代哲学、特にデカルト、ヒューム、カントなどの哲学は、意識をあらゆる認識の出発点に置いている点で共通性があり、これはフッサールの現象学も同じである。またその一方で、近代哲学は不合理なものを排し、理性的に物事を考えることで、よりよい生き方、よりよい社会を主体的に選択し得る、という理性主義、主体性中心主義の考え方を特徴としている。

しかし、二十世紀になると二度の世界大戦、ホロコースト、スターリンによる粛清、文化大革命などをとおして、人間がいかに非理性的であるのか、主体性がいかに脆いものかを、私たちは目の当たりにすることになった。そのため、人間は無意識の欲望、無意識の偏見に左右され、理性は間違いを犯しやすい、と考えられるようになった。

現代の哲学・思想が近代の思想に批判的で無意識を重視しているのは、このような理由からなのである。

近代哲学の難問

近代哲学、現象学は意識にすべてを還元するため、無意識を否定している、と考える人は少なくない。そのため、無意識に肯定的な現代哲学に批判されているのだ、と。

言うまでもなく、意識して考えることと理性で考えることは切り離すことができない。そのため意識中心の近代哲学と現象学の方法は、理性主義と不可分なものとして捉えられ、近代的な合理主義への批判が高まる中で、この意識中心の方法論にも疑念が持たれるようになった。ここに、「意識」中心の近代哲学に対して「無意識」を重視する現代哲学、という対立図式を読み取ることは容

(32)　H・ベルクソン『物質と記憶』杉山直樹訳、講談社、二〇一九年、二〇八頁

(33)　ベルクソンは記憶と無意識についてこう述べている。「記憶が意識に再び現れると、まるで亡霊が甦ったかのように思われ、この亡霊の謎めいた出現は何か特別な原因で説明しなければならない、ということになる。だが実際には、その記憶がわれわれの現在の状態につながっているのは、今知覚されていない諸対象が知覚対象につながっているのとまったく同じ話であって、いずれの場合にも、無意識は同種の役割を演じているのである」（H・ベルクソン『物質と記憶』杉山直樹訳、講談社、二〇一九年、二一一頁）

易いのだが、この対立には一体どのような意味があるのだろうか？

問題を整理するために、そもそも近代哲学とはどのような考え方なのか、少しだけ歴史を辿って振り返ってみよう。

近代哲学の出発点は、「近代哲学の父」であるデカルトの方法的懐疑という考え方にある。当時（十七世紀）はキリスト教のスコラ神学が衰退した結果、多様な学説が乱立し、「確かなものなど何もない」という懐疑論が流行していた。そこでデカルトは統一的な学問の基盤を求め、全てを徹底的に疑ってみることで、「確かなもの」があるかどうかを確認しようとした。

一切のものを疑うということは、目の前に見えている物さえ、本当に存在しているのかどうか疑ってみる、ということだ。いま、私の目の前にはパソコン、コップ、窓、書棚など、部屋の中の様子が見えている。しかし、それは幻覚かもしれないし、夢なのかもしれない。あるいは、「悪い霊」が私を欺き、幻を現実だと思わせているのかもしれない。極端に思えるかもしれないが、デカルトはそうやって全てを疑ってみたのである。

なるほど、目の前に見えている物、聞こえる音は、夢、幻かもしれない。しかし、そのように考えている「私」は確かに存在している。私がいなければ、こうして考えることさえできないだろう。したがって、私が考えている以上、私は確実に存在する。「われ思う、ゆえにわれあり」というデカルトの有名な言葉は、そうした意味を持っている。

無論、デカルトも目の前にあるものが本当に夢や幻だと思っていたわけではない。ただ、その可能性は否定できないので、疑えないものを見出すために、あえて疑ってみたのであり、彼はこれを方法的懐疑と呼んだのだ。(34)

デカルトはこの方法によって、意識に現われた世界が実在する世界と同じものであることを証明しようとしたが、残念ながら、神の証明を持ち出したそのやり方は、不完全なものと言わざるを得ない。だが、いま見えている世界を意識という主観の場に現われた世界として捉える考え方は、その後の哲学に多大な影響を与えるものであった。これ以降、ロック、ヒューム、カントといった哲学の主流は、「私」の主観（＝意識）のなかに、世界がどのように現われているのか、それは感覚をとおして客観的世界を正確に写し取っているのか、という主観と客観の関係をめぐる問題として展開することになったのだ。

こうして、主観という意識の場は、私たちの認識問題を考える上で、欠かせないものとなった。では、具体的にはどのように考えられていたのだろうか？

意識は世界をどう捉えたか？

まずロックは、人は感覚と内省を通じて様々な観念を心に蓄え、単純な観念の組み合わせによって複雑な観念が形成される、と考えていた。

人間の心は最初は白紙なのだが、経験によって様々な考えやイメージが書き込まれる。その際、

(34)「私は、それまでに私の精神に入りきたったすべてのものは、私の夢の幻想と同様に、真ならぬものである、と仮想しようと決心した。しかしながら、そうするとただちに、私は気づいた、私がこのように、すべては偽である、と考えている間も、そう考えている私は、必然的に何ものかでなければならぬ、と」（R・デカルト「方法序説」『世界の名著27　デカルト』野田又夫責任編集、中央公論社、一九七八年、一八八頁）

感覚をとおして意識へ入ってくるのは、意識の外部にある客観的世界の情報であり、物体の変わらない性質（一次性質）が、心において単純観念として現われる。つまり、私たちが見ているのは客観的世界そのものではなく、感覚をとおして意識の中で再構成された世界であり、ロックは客観的世界が主観的意識の中でどのように認識されるのかを問題にしたのである。

この考え方は、私たちの見ている世界は感覚器官と脳を介して再構成されたものだ、という現代の認知科学、神経科学の見解と近いため、さほど違和感を抱かない人もいると思う。だが、意識の中に現われた世界は、意識の外部に実在する世界を映し出したものである、というロックの考え方は、ヒュームによって否定されてしまう。

ヒュームによれば、「いかなる原因がわれわれに物体の存在を信じさせるようにするのか、と問うのはかまわないが、しかし、物体があるのかないのか、と問うのは無益なことである」[35]。目の前に見えている物体は、厳密に言えば意識に現われているのであり、それが存在することを信じている理由は問えるのだが、実際に存在するかどうかは問うことができない。

目の前にパソコンが見えている時、目を閉じてまた開くと、やはりパソコンが見えている。そのため、パソコンは間違いなく実在している、幻覚ではない、と信じることができる。しかし実際には、目を閉じる前と後に見えているパソコンが似ているからそう思うのであって、パソコンがそこに実在しているという証明にはなっていない。意識（主観）の外部に何かが実在する、という考えそのものがひとつの仮説に過ぎないのだ。

これは驚くべき結論に思えるかもしれない。私たちは世界にある様々な事物を認識する際、感覚器官をとおして見ている、と思っている。もっと言えば、感覚器官から得られたデータが脳に送られ、意識の中で再構成された世界を見ている、と信じている。そうやって再構成された世界は、実際の世界のありのままの姿ではないし、多少歪められているかもしれない。そうだとしても、私に見えている世界、私の意識の中に現われている世界は、意識の外にある実際の世界を写し取ったものであることは間違いない。誰もがそう信じているはずである。

だが、ヒュームはそれを単に習慣から生じた信念にすぎないと考え、実際の世界が実在するかどうかは絶対に確認できない、と主張している。脳でさえ、意識の外部に想定された物である以上、その実在性を確証することはできないのだ。このヒュームの徹底した懐疑論は、私たちの常識に反するものであり、客観的世界の実在性を前提にした自然科学に対しても、その土台を揺るがす考え方だと言える。

ヒュームの影響を受けたカントは、人間は世界それ自体（物自体）を客観的に認識することはできない、と認めている。しかし、客観的な世界は認識不可能であっても、主観（意識）に現われた世界については他者と共通了解ができる。なぜなら、人間の認識する仕組みが同じであるからだ。人間は感性、悟性といった認識の仕組みをとおして世界を認識しているが、この認識の仕組みが同じであれば、世界の見え方、捉え方も同じになる。そのため、他人との間に共通了解が成立し、客観性がある、と言われるようになるのだ。

他者と共通了解ができる以上、それは普遍性のある秩序だと言えるし、その意味での客観的な認

（35）　D・ヒューム「人生論」（『世界の名著32　ロック、ヒューム』大槻春彦責任編集、中央公論社、一九八〇年、四六一頁）

識は可能だと考えることができる。意識の外側に想定された客観的世界そのものは認識できないが、意識において捉えた世界の姿や秩序は、他の人々と合意し、了解し合えるのである。

ただ、意識（主観）の外部にある世界そのもの（物自体）は認識できない、とカントは述べているが、そうした世界それ自体が意識の外部にあるかどうかは確認することができない。ヒュームの言うとおり、その実在性は主観において確信されているにすぎないのだから。

現象学の基本的考え方

いま見てきたように、近代哲学の主流となる系譜では、デカルト以来、意識という主観に現われる対象に焦点を当て、意識を出発点にして認識問題を考えてきた。意識に現われた世界（主観）は意識の外部にある世界（客観）を正確に写し取っているのかどうかを問い続けていたのだ。

カントはそのような世界（物自体）を認識することは不可能だと主張したが、そもそも意識の外部に世界が実在しているかどうかさえ、証明することはできない。ではなぜ私たちは、意識の外部に世界は実在している、と信じているのだろうか？

二十世紀になると、フッサールは「世界が実在している」という確信が成り立つための条件を考えようとした。次の文章が、現象学の基本的な考えを端的に示している。

あたかも現象学的観念論の説くところでは、実在的世界は一つの仮象であり、自然的思考や実証科学的思考は、たとえそれと気付かれずとも、この仮象に陥っているということにでもなるかのごとく、実在的世界の現実的存在を、否定したりするものではない。現象学的観念論の唯一の課題と作業は、この世界の意味を解明することにあり、正確に言えば、この世界が万人にとって現実的に存在するものとして妥当しかつ現実的な権利をもって妥当しているゆえんの、ほかならぬその意味を、解明することにあるのである。（『イデーン』[36]）

目の前に見えている世界は意識に現われた世界であり、意識の向こう側には本当の世界が実在している、と私たちは信じている。しかしヒュームの言うように、本当に実在しているかどうかはわからない。そこでフッサールは、世界が実在しているという確信を一旦保留にし、この確信の理由を考えようとした。それは別に、実在する世界を否定しているわけではなく、世界が実在することを信じている、その意味を解明しようというのである。

目の前にパソコンが見えている、という例に戻って考えてみよう。

私はいま原稿を執筆中で眼前にパソコンが見えているが、このパソコンが実在している、という証明はできない。デカルトの言うように、幻かもしれないし、本当はそこにパソコンはないのかもしれない。しかし、いまパソコンが私に見えていることは間違いない。もっと言えば、いま私の意識には、紛れもなくパソコンが現われていて、それが見えていることを疑うことはできない。この意識に現われていることの疑えなさ（不可疑性）こそ、眼の前の事物が実在することを確信させている。

この不可疑性については、フッサールも次のように述べている。

（36）E・フッサール『イデーンⅠ-Ⅰ』渡辺二郎訳、みすず書房、一九七九年、三二頁生身のありありとしたありさまで与えられる事物的なものはすべて、その生身のありありとした所与性にもかかわらず、存在しないこともありうるのである。生身のありありとしたありさまで与えられる体験は、存在しないこともありうるということは全くないのである。(同前)[37]

つまり、パソコンが目の前にありありと見えていても、実は存在しないかもしれない。しかし、「ありありとパソコンが見えている」という体験それ自体は間違いなく存在するし、疑うことができない。これが意識の不可疑性である。

このことから、意識の不可疑性はあらゆる認識の底板になっていることがわかる。そこでフッサールの現象学では、あらゆるものを意識に還元して考えようとする。それは、いま見えていること、意識に現われていることだけが、絶対に確かなことであり、意識だけがあらゆる認識問題の出発点になり得るからなのだ。

観念を批判する現代哲学

このように、フッサールの現象学はデカルト的方法を受け継ぎ、意識に焦点を当てた哲学の集大成とも言える理論を展開している。だが、この「意識に焦点を当てる」という方法によって、現代の様々な哲学から批判を受けることになった。

その理由として、まず意識にすべて還元するという観念論的方法が、私的な意識に閉じた独我論であり、他者に開かれていないという批判がある。また、二十世紀における悲惨な戦争、迫害などの経験が、近代哲学における理性主義への不信を招いてしまった。理性は過ちを犯しやすく、人間は非理性的、無意識的な存在である、という考え方が優勢になったのだ。

なるほど、人間はすべてを意識できるわけではないし、無意識のうちに行動することも少なくない。そのため、理性的に物事を考え、主体的に行動する存在という近代の人間観は、現代の哲学者からは不十分なものに思えるのも無理はない。私自身、そうした人間の無意識に多大な関心を抱いてきたので、無意識的な部分を強調する人間観のほうに真実があるように思える。それは他の多くの人も同じだろう。なぜなら、誰もが日常生活の中で自分や他人の無意識を感じたり、不合理な面を目にする機会が多いからである。

では、こうした無意識の問題に対して、現代の哲学ではどのように考えているのだろうか？

まず、人間は無意識のうちに社会構造に規定されている、という構造主義の考え方がある。それは、私たちは主体的に行動しているつもりでも、その社会の構造や仕組みによって、無意識のうちに方向づけられた行動を取っている、というものだ。

構造主義者であるレヴィ＝ストロースは、未開民族における近親婚の禁止、女性の交換（他の集落に嫁ぐ）という慣習が、社会に開かれた関係性を維持するためである、と分析している。だが、当人たちはそのような意味があることを知らないし、無意識のうちにそうした意図を実現する行為をしている。つまり、社会の仕組み（構造）によってそうした行為をするように仕向けられているのだが、当人たちはそれを全く自覚していないのだ。

（37）同前、二〇〇頁

ここでは、無意識を深層心理学のように「心の奥底にある潜在意識」や「実体化された実在的領域」とは見なしていない。レヴィ＝ストロースによれば、「無意識的なものは、われわれ各自をかけがえのない存在たらしめる曰く言いがたい個人的諸特性のかくれが、唯一独自の歴史の保管者であることをやめる」(『構造人類学』[38])のだ。

フーコーもまた、人間は意識的に考え、主体的に行動しているつもりでも、その時代の社会構造に規定されている、と考えていた。ルネサンス以降の西欧社会には、時代によって異なる知の枠組み（エピステーメー）があり、それによって人間は無意識のうちに規定され、その影響下で思考するように宿命づけられている。代表作である『言葉と物』[39]では、そうした時代ごとの知のあり方が緻密かつ詳細に分析されている。

一方、人間の感情や身体性に着目し、意識に対する無意識の優位を主張する考え方もある。感情は自分の意志によるものではなく、意識的な思考以前に生じるため、意識を超えた無意識的行動を惹き起こしている、と考えることができる。また、身体の反応、行動も意識的な思考以前に生じることは多いため、やはり意識を超えた無意識の現われとして捉えることができる。

メルロ＝ポンティはこうした意識されない身体の運動について、精神盲の患者の例を挙げながら、大変鋭い分析を展開している。

脳を損傷した精神盲の患者は、意識して手足を動かすことはできないが、蚊に刺された箇所へ素早く手を運び、かきむしることはできる。習慣的な運動は無意識にできるのだが、身体をどのように動かすのかを意識し、思い描いたとおりに動かすことはできないのだ。意識的に思い描いた運動は、経験の繰り返しによって、明確に意識しなくとも自動的に動くようになるものだが、この患者はそれができなくなっている。

訓練や習慣によって身体が覚えたこと、自然に身についたことは、いちいち意識しなくとも、身体は無意識のうちに反応するようになる。それは、どう動けばよいのか、その意味を身体が取り込んだからであり、メルロ゠ポンティはこれを意味の沈殿と呼んでいる。それは身体の了解した意味、身体に刷り込まれた意味であり、私たちはその意味を意識することはできない。そのため、無意識のうちに身体が動いた、と感じられるのだ。

メルロ゠ポンティは身体の本質を現象学的に考察することで、無意識の本質に迫る重要な道筋を示したと言える。だがその一方で、彼はデカルトやカントの観念論を批判し、意識に還元できないものもある、と述べている。[40] この考えは、身体こそが意識を可能にしている、無意識が意識に先行している、という主張として受け取ることができる。メルロ゠ポンティは、「徹底的な反省は自分自身が非反省的生活に依存していることを意識しており、この非反省的生活こそ反省の端緒的かつ恒常的かつ終局的な状況である」[41] とも述べているので、非反省的生活という無意識が反省による意識の基盤になっている、と考えていたのだろう。

(38) C・レヴィ゠ストロース『構造人類学』荒川幾男・生松敬三・川田順造・佐々木明・田島節夫共訳、みすず書房、一九七二年、二二四頁

(39) M・フーコー『言葉と物』渡辺一民・佐々木明訳、新潮社、一九七四年

(40) 「還元の最も偉大な教訓とは、完全な還元は不可能だということである」（M・メルロ゠ポンティ『知覚の現象学1』竹内芳郎・小木貞孝訳、みすず書房、一九六七年、一三頁）

(41) M・メルロ゠ポンティ『知覚の現象学1』竹内芳郎・小木貞孝訳、みすず書房、一九六七年、一三頁

これは、意識の外部にあるものが意識を可能にしている、意識して考え、主体的に行動しているつもりでも、意識以外のものの影響を受けている、という考え方とつながっており、身体はその最たるものだと言える。意識的な判断も社会構造の影響を知らないうちに受けている、という構造主義の考え方も、意識の外部に基づいて意識の全能性を批判している点では同じである[42]。

また、同様な意識主義への批判は、すでに十九世紀において、ニーチェの哲学にも見ることができる。ニーチェは「力への意志」こそが意識を規定していると主張し、意識を認識の土台に据えた近代哲学を批判しているからだ[43]。

以上のように、現象学や近代哲学のような意識に焦点を当てた観念論的な考え方に対して、現代では批判的な主張が少なくない。実証科学からは客観性がないと言われ、分析哲学からも独我論という批判を受けている。意識に現われないものもある、意識を規定しているものがある、という主張も観念論批判、現象学批判の一つだが、それは意識に包摂されない無意識を強調することで、意識中心の哲学の限界を指摘しているのである。

しかし、これらの批判ははたして妥当なものと言えるだろうか？

無意識は意識に現われるのか？

人間の行為が全て理性的なわけではなく、意識的な思考に基づかない行為が多いのは事実である。私たちは無意識のうちに反応していたり、意識せずとも習慣的な行動をしていることがある。考える前に、感情によって動かされることも少なくない。また、社会の構造に知らず知らずのうちに行動を規定されている、というのも事実だろう。

しかしだからといって、意識に焦点を当てた観念論、現象学の方法が無意識を考える上で限界を抱えている、ということにはならない。なるほど、現象学は意識にすべてを還元するのだが、それは別に無意識を否定しているわけではないのだ。意識に現われないから無意識なのではないか、それなのに意識だけに焦点を当てて無意識を考えることができるのか、と思う人もいるかもしれない。だが実は、無意識は意識に現われるのである。

確かに私たちの日常生活においては、自らの無意識的な行為は意識されないし、意識も社会構造や身体性に無意識のうちに影響を受けているだろう。しかし、私たちが自らの無意識に気づくのは、必ず意識においてである。知らず知らず身体が反応し、行為していた時、私たちは意識せずにそうしているのだが、後になって無意識のうちにやっていたことを自覚する。この時、無意識が意識されるのであり、無意識は後から意識に現われるのだ。

意識されない無意識の行為もあるのではないか、と疑問に思うかもしれない。しかし、そのような行為でも他人に指摘されれば無意識を意識するだろう。そもそも無意識を意識しなければ、それ

(42)　脳神経科学においても、脳が意識の外部にあって意識を規定している、脳の指令による無意識の行動が意識的な判断に先行している、と主張している点では同様。

(43)　ニーチェはこう述べている。「「意識」の役割をとらえそこねないことが肝要である。すなわち、意識を発達させたのは、私たちと「外界」との関係である。これに反して、肉体的諸機能の協働に関する指導、ないしは監督や配慮は、私たちの意識にのぼることがない」（F・W・ニーチェ「権力への意志（下）」『ニーチェ全集12』原佑訳、理想社、一九八〇年、五二頁）。意識の外部において、意識されないまま働きかけている力（力への意志）があり、それが意識を形成している。身体の諸機能の働きも、意識ではなくこの力が（無意識のうちに）決定している、ということだろう。

はもはや無意識の経験とは言えないし、認識、内省の対象とはなり得ない。

すでに述べたように、私たちに見えているのは意識の世界であり、意識の外部にあると想定された世界は、実際にあるのかどうかさえ確かめることができない。パソコンのような物であっても、意識の外部に実在していることを確信していても、実際にはないのかもしれない。ただ、意識において、その実在性が確信される根拠を見出すことは可能である。それが現象学の発想であった。

同じことは無意識についても言える。

私たちは様々な場面で自らの無意識を意識し、無意識があることを確信する。だが実際に無意識があるかどうかを確かめることはできないし、まして深層心理学のように実体化された無意識の構造を証明することは絶対に不可能である。しかし、なぜ無意識があるように思えるのか、その根拠を考えることはできる。深層心理学的な無意識モデルにしても、そうした無意識の確信から推論されたものであり、その無意識モデルが正しいことは証明できないが、正しさを信じる場合の根拠を言うことはできるのだ。

フッサール自身、無意識について次のように述べている。

また、最近しきりに議論されている「無意識」——夢のない眠りとか、失神とか、その他それと同じ種類の、あるいはそれと似た種類のもので、この名称のもとに数えられているものはなんであろうと——の問題に関して言えば、そのばあい問題になるのはいずれにしても、あらかじめ与えられている世界の出来事であり、したがってそれらも当然、誕生と死の問題と同じように、構成という超越論的問題群に属することになる。（『ヨーロッパ諸学の危機と超越論的現象学[44]』）

私たちは意識に現われた対象以外を認識することはできない。その対象が実在するかどうかも決してわからない。しかし、意識においてどのようにその実在性が確信されるのか、どのように信じられるようになるのか、その条件を問うことはできる。それは、意識を超えた対象が意識においてどのように確信されるのか、という超越論的問題でもある。[45]無意識という対象もまた、このような問題として問うことができるのだ。

いずれにせよ、客観的世界が実在することを保留（エポケー）にすると、いま世界が見えている、という意識だけが残される。全てはそこで構成され、確信されているのであり、意識の外部に世界が実在しているという確信もそこから生まれている。現象学ではこれを純粋意識（超越論的主観性）と呼んでおり、客観的世界の実在性を前提とした上での意識とは区別している。そこを混同してしまうと、無意識を論じる際、現象学における意識の外部として考えてしまうのである。[46]

しかし、現象学的還元を受けた意識（純粋意識）において考えるなら、無意識の存在は保留にされることになる。当然、脳が意識を生み出すとか、無意識の行動は脳とどのような関係があるか、

（44）　E・フッサール『ヨーロッパ諸学の危機と超越論的現象学』細谷恒夫・木田元訳、中央公論社、一九九五年、三四三頁

（45）　フッサールの「超越論的問題」については、哲学者の西研が「第一に、客観性の妥当条件・確証条件の問いとして、第二に、客観性の意味と根拠への問いとして、捉えるのがよい」と述べている（西研『哲学的思考』筑摩書房、二〇〇五年、二一四頁）。

などといった議論もまた、一旦、保留にせざるを得ない[47]。また、社会の構造が無意識のうちに行動を規定している、という構造主義の発想も、意識の外部にある社会構造を前提にしている点で同様である。はっきりさせることができるのは、私たちが日常生活において無意識を確信する経験の意味であり、言わば「無意識の本質」なのである。

本質を洞察する思考法

現象学は意識に還元し、主観的な意識を出発点にして物事を考える方法だが、それは先ほど触れたような「なぜ世界の実在性を信じるのか」という確信の根拠を問うだけでなく、「感情」「自由」「身体」「時間」「言語」など、様々な概念の本質を明らかにするための方法でもある。ソクラテスやプラトンが「正義とは何か」「勇気とは何か」と問い、「正義」「勇気」の本質を明らかにしようとしていたのと同じである。

例として、「不安とは何か」という問いについて考えてみよう。

まず「不安」という言葉を聞いたとき、私たちは自分の経験した様々な不安を思い浮かべ、それがどのような意味を持っていたかを考える。不安に関する学問的知識や理論は保留にしておき、自分の経験に基づいて内面に問いかけるのだ。また、自分が経験していなくとも、知り合いや物語を通じて知り得た事例を思い浮かべ、それらとも比較してみる。一口に不安の経験と言っても様々で、自分の経験した不安にもいろいろあり、それぞれ異なる意味を持っているからだ。しかし、不安の現象は多様であっても、同じように「不安」と呼ばれる以上は、何か共通点があるはずだ。

そこで、意識に現われた「不安」の体験や意味を想像の中で自由に変更し、それでも変わらないもの（不変なもの）を考えてみる。するとフッサールによれば、「自由な変更の行使のなかで、変項の差異とは無関係に、絶対的に同一の内容として、つまり、一切の変項をかさねあわす不変の内容として、一般的本質としてうかびあがってくる」（『経験と判断』[48]）。これが現象学における、本質を洞察して取り出すやり方であり、本質観取（本質洞察）なのである。

ただ、本質という以上は、自分の中でのみ納得できる意味ではなく、誰もが納得できるという普遍性が必要であり、共通了解が可能な意味でなければならない。そのため、こうして浮かび上がってきた不安の意味を、もう一度、誰もが納得できるような意味かどうか、よくよく熟考してみる必要があるだろう。すると、最初に直観された意味は意識の中で練り直され、想像の上で様々に変化させられ（想像変容）、次第に普遍性のある意味へ、つまり本質へとたどりつく。

(46) ただしフッサールには、意識において観念が結びつく作用（連合）では自我の能動的な働き以前にすでに受動的な働きが生じている、という考えがあるため、これをフッサールの無意識論として論じる研究者もいる。フッサール自身も受動的総合に関する議論の中で、「われわれが行おうとする考察の全体に「無意識」というよく知られた表題を与えることもできる」（E・フッサール『受動的総合の分析』山口一郎・田村京子訳、国文社、一九九七年、二二二頁）と述べているが、無意識をこうした受動的な働きの問題として論じる限り、無意識の本質を取り出すことはできないだろう。

(47) 脳科学における無意識の研究を否定したいわけではないし、それが無意識的な行動と身体の関係を解明する上で有効であることは認めざるを得ない。ただ、無意識の本質を考える上では、意識に焦点を当てた方法が最も有効であり、そのため、無意識を意識の外部として考える、という発想の問題点を指摘しておきたかったのである。

(48) E・フッサール『経験と判断』長谷川宏訳、河出書房新社、一九七五年、三二九頁

「不安」であれば、不安になると危険を感じ、その危険を避けようとする状況が思い浮かぶ。たとえば、試験を前にして不合格になるという不安を抱き、一生懸命に試験勉強をする場面。あるいは台風で被害に遭う不安を感じ、出かけるのをやめる場面や、いじめられる不安から、学校へ行くのをやめる場面など。そこに共通しているのは、不安によって危険を感じると、危険な状況を避ける行動を取ろうとしている、ということだ。すると、不安とは危険な状況を知らせる信号のようなものであり、危険を避けるための行動を生み出すものである、というような意味が見えてくる。それについて、誰もが「確かに不安にはそのような意味がある」と納得すれば、それを不安の本質と呼ぶことができるだろう。

不安の本質についてはもっと深く掘り下げて考察することもできるし、これが絶対に正しいと言い張るつもりはない。それでも「不安」という言葉は、数多くの人々が様々な状況で使ってきており、その意味にはある程度のばらつきがあるとしても、その中核には必ず他者と共通了解できるような意味がある。そうでなければ、そもそも「不安」という同じ言葉を使って、多くの人がコミュニケーションをすることなどできないだろう。そこには「誰もが共通して認める意味」があるはずであり、それが現象学における本質なのである。

ポストモダンをはじめとする現代哲学では、「現象学は本質主義であり、真理があることを前提にしている」という批判が広まっている。「本質」という言葉が、普遍的な「真理」と混同されているからだ。しかし、本質は唯一絶対の真理を意味するわけではないし、そもそも現象学は真理を認めていない。かといって、ポストモダンや分析哲学のような相対主義に留まっているわけでもない。普遍的という場合、私たちは絶対的という意味で捉えがちだが、そうではなく、誰もが認める、ほとんどの人が共通了解できる、という意味での普遍性であり、より普遍的なものが見つかれば修正することもできるのだ。

現代哲学の多くは無意識を重視しているにもかかわらず、「本質」という言葉に真理を重ね合わせているため、無意識の本質を明らかにする、といった発想を持っていない。しかし、無意識に関する様々な問題を解明する上で、無意識の本質を明らかにすることは必要であり、その解明も十分に可能であるはずだ。

そこで次章では、「無意識」の本質について、現象学的方法（本質観取）を使って考えていきたいと思う。ここまで論じてきたことから、もはや無意識は意識に現われないので現象学では分析不可能である、などと批判する人はいないだろう。私たちは日々の中で様々な無意識の経験をしている。それは意識の中で「無意識だった」と確信されている。そうした無意識の経験の意味を考え、誰もが納得できるような本質に迫りたいと思う。

3章　無意識とは何か？——現象学から本質を考える

意識における事後的な確信

「無意識とは何か」という本質への問いは、無意識を感じた経験の意味を探し求めている。それも個人的な経験の意味を超えた、誰もが納得し得るような無意識の意味を。そうした誰もが納得し、共通して了解し得るような無意識の意味こそ、無意識の本質なのである。

では、無意識の本質を明らかにするためには、一体どのように考えればよいのだろうか？

まず無意識を感じた自らの経験を振り返り、十分に内省してみる必要がある。それは主観的で個別的な意味にすぎないが、無意識と呼ばれる経験である以上、あらゆる無意識経験に共通する意味を含んでいるはずであり、これを足掛かりにして、誰もが認めるような普遍的な無意識の意味を考えていけばよい。

言うまでもなく、ここでは深層心理学的な無意識の構造や、神経科学的な脳との因果関係は問題にならない。これらは無意識的な行為や身体反応が生じるメカニズムを問題にしており、事実関係の解明としては有意義であっても、無意識という現象の本質を明らかにすることはできないからだ。

したがって、現象学的な本質の考察においては、無意識の深層心理学的なモデルや認知科学、神経科学における無意識を生み出す脳のメカニズム、その他の多様な無意識理論も含め、一切の仮説は保留（エポケー）しておく必要があり、その上で、自分がどのようなときに「無意識的なもの」を感じているのか、そこに目を向けてみなければならない。

たとえば、何か考えごとをしながら歩いていて、知らず知らずのうちに目的地についていた、というような場合、自分が無意識のうちに正しい道を選んで歩いていたことに気づかされる。無論、歩いている時は意識していないが、後で気づいて「無意識だった」と思えば、それは無意識の経験ということになるだろう。

あるいは、誰かを好きだと自覚した時、それまでの自分の行為や気持ちを振り返り、思い当たることがあったとしよう。そして、以前から好きだったのかもしれない、自分の気持ちをごまかしていただけで、好きな気持ちに無意識だったのかもしれない、と考えたとする。この場合も、無意識を感じた経験だが、やはり好きだと気づいた後で、無意識を自覚したことになる。

要するに、無意識の経験とは、後から無意識に気づくことで意識される経験であり、気づかなければ無意識の経験とはなり得ない。それは事後的な確信によって成立する経験なのである。

当人が気づかなくとも、無意識の行為であることに変わりはない、という意見もあるだろう。実証科学における客観的な視点からすれば、そう考えるのが普通だと思う。当人が自分でも気づかないまま、ある身体的な反応、行為をしたとする。第三者から見れば、当人が気づいていない様子なので、それは無意識の行為として考えることができる。そうした意識されない行為がどのように脳と関係しているのか、と考えるのである。

しかし、当人が無意識を自覚しないかぎり、その意味を考えることは不可能だ。無意識の意味、本質を明らかにしたいのであれば、無意識を経験した当人が、自らの主観を内省してこそ、本質を解明する道は開かれる。

ここで、無意識は意識されないものなので、意識に焦点を当てる現象学の方法では無意識を解明し得ないのではないか、という反論も予想されるが、すでに述べたように、それは全くの誤解である。無意識の経験とは、無意識を意識することではじめて成立する。ある行為や身体反応をした後で、「無意識だった」という確信が訪れるのだ。この事後的な確信が生じなければ、それは当人にとっては無意識の経験とはならない。そして問題にしているのは、無意識を感じた経験の意味なのだから、当人が「無意識があった」と思わなければ、それこそ無意味なのである。

したがって、現象学の視点から無意識の本質を考えるには、まず「無意識だった」「無意識のうちにやっていた」と感じた経験から考えることが必要になる。日々の生活の中で感じるそうした経験を、できるだけ多く、様々なパターンを思い出して列挙してみるのだ。そして同じ種類の経験ごとに分類し、その特質を探っていく。そして、あらゆる種類の無意識の経験に共通する意味を考えていくのである。

以上のことを踏まえた上で、私が無意識を感じた経験を内省したところ、「無意識があった」と感じた経験はかなり多様であったが、大きく分ければ、「習慣化した行動」「自律神経反応」「感情」「イメージ」「他者の反応」などに分類できることがわかった。

「習慣化した行動」「自律神経反応」はどちらも身体の反応だ。前者は繰り返し反復された運動や行動の結果だが、後者はそれと無関係であり、自分の気持ちを同時に確信させる面がある。「感情」「イメージ」もある意味では身体の反応と言えるし、自分自身の状態から無意識を意識する点では同じだが、やはり自分の気持ちを意識させる。一方、他人に無意識を指摘される場合もあるが、これは身体反応から気づくわけではないとしても、やはり気持ちを意識させる場合が多いだろう。

このように、無意識の経験を分類してみると、その中でもさらに共通する部分と異なる部分が鮮明になってくる。以下、これらの経験について、なぜ無意識を確信するのか、順を追って考えていきたいと思う。

反復された行動と身体の反応——習慣化した行為

無意識を感じた経験と聞いて、多くの人がまず思い浮かべるのは、無意識に行動していた、というような、意識せずに身体が反応していた場合だろう。特に習慣化し、何度も繰り返している身体の動きは、意識せずとも自動的に反応できるようになるため、無意識のうちにやっていた、と思えることが少なくない。

たとえば、かゆみを感じると、無意識のうちにかいていることがある。かこうと意識していなくとも、他のことに意識を向けていても、いつの間にかかゆいところに手を伸ばしている。そして、かきむしった後で、「あ、かいちゃった」と無意識のうちにやっていたことに気づかされるのだ。あるいは、髪の毛をいじる癖のある人は、仕事や勉強に集中しながらも、無意識のうちに髪をいじっていることがあるだろう。髪をいじろうとしたわけではないのだが、気づいたらいじっていた、という場合だが、やはり後で「無意識だった」と気づくことがある。

ここには一つの共通点がある。それは、そうした行為を過去に何度も繰り返している、ということだ。

いつの間にかかいている、という行為も、過去において何度も「かゆいところをかく」という行為を繰り返しているはずであり、その行為がかゆみを解消することを経験的に知っているからこそ、身体が条件反射的に反応し、その行為が自動的に行われるようになったのではないだろうか。髪を無意識にいじってしまう人の場合も、何度も同じ行為を繰り返してきただろう。それは、変な髪形を気にして何度も髪をいじっているうちに、そうした癖がついたのかもしれない。

このように、反復して繰り返された身体の運動は、習慣的なもの、癖になり、無意識のうちに身体が反応するようになる、と考えられる。

スポーツなどでは、同じ運動を意図的に繰り返すことで、瞬時に反応できるようにする。何度も何度も同じ動作を繰り返す練習方法は、ほとんどのスポーツに共通するものだが、それは瞬時に正確に身体が反応できるようになるための練習と言える。

私は中学高校と柔道をやっていたが、毎日毎日、同じ技の動作を繰り返し練習していると、次第に身体が勝手に反応してくれるようになり、試合の中でスムーズに技が出せるようになる。当然だが、とっさに動けなければ負けるため、手や足をどう動かすか、いちいち考えている余裕はない。しかし、同じ技を繰り返す運動を続けることで、相手のわずかなスキを見出せば、身体は無意識のうちに反応し、瞬時に技をかける動作に移行できるようになるのだ。

スポーツだけでなく、同じ動作の繰り返しによって、正確な動きを無意識にできるようになる例は少なくない。車の運転なども同じで、最初は意識的に手足を動かし、操作を覚えるものだが、長年運転していると無意識にその動作ができるようになる。多少考え事をしていても、手足はスムーズに動き、事故をせずに運転を続けることができる。また、技術職などで細かい手足の動きを要する仕事などにも同じことが言えるだろう。

同じ行為を繰り返すことで無意識の行為となる場合、動作の反復というより、知覚の反復が大きく関わっている場合もある。

たとえば、考えごとをしながら歩いていても、何度も通い慣れた場所であれば、ふと気がつくと到着していた、という経験は誰でもあるだろう。いちいち道や方向を確かめなくても、いつの間にか自宅に辿り着いているため、なかば無意識だったと思えるに違いない。もっとはっきりと「無意識のうちに帰っていた」と思える場合もある。それは、酒に酔って帰宅し、翌朝になって気がつくと、どうやって帰ったのかまったく記憶にない、という場合である。

これは動作の反復というより、何度もその道を見た、という視覚の反復によるところが大きいように思える。病院の看板があれば右に曲がる、というような日々の繰り返しがあれば、考え事をしていたり、酔っ払っている場合でも、それが視界に入れば右に曲がる、という身体の反応が起きるのかもしれない。動作の反復にともなう視聴覚もまた、何度も見た、聴いた、という繰り返しによって、自動的な反応を生み出すのであろう。

このように、身体は訓練や習慣による反復によって、注意を向けなくとも必要な情報を知覚していたり、自動的に身体が反応するようになる。こうした反応ができなければ、私たちはあらゆることがスムーズにできなくなり、生活に大きな支障をきたすだろう。

それは普段、あまり「無意識」として自覚されないかもしれないが、身体の反応と意識のズレを感じるとき、また意識にコントロールされていない身体の反応に気づくとき、「無意識のうちに身体が反応していた」と考えるのである。

生理的な身体の反応――自律神経反応

身体が無意識のうちに反応するのは、動作の反復による運動、行為の場合だけではない。というより、身体の反応の多くは意識されず、意志によってコントロールできないものである。

たとえば、運動をしている時に脈拍数を調整する、暑い時に汗を出す、鳥肌を立てて熱を発生させる、涙の分泌や排尿を抑制する、などといった身体の反応は、自分の意志でコントロールできるものではなく、自律神経の働きによって生じている。自律神経とは、手足を動かすような随意的な神経ではなく、自分の意志ではコントロールできない身体機能に関係する神経であり、消化管や血管、腺、心臓の働きなどに関わっているのである。

神経科学などで無意識が議論の俎上に載せられる場合、こうした自律神経の反応も無意識の働きとして、脳や神経との関係で論じられることが多い。だが、そうした反応のほとんどは事後的にも意識されず、後から「無意識だった」と自覚することも少ないように思える。自覚されなければ、当人にとって無意識の経験とは言えないので、無意識の本質を考える場合には対象にならないとも言える。

しかし、よく考えてみれば、こうした身体の反応から無意識を意識する場合もある。

たとえば、大勢の前でスピーチをしなければならない状況で、最初は平気だと思っていたのに、動悸が速くなり、汗がどんどん出てきた場合、自分が緊張していること、思っていたよりも不安を感じていたことを自覚するだろう。頭の中では平気だと思っていても、汗がとめどなく流れてくれば、無意識のうちに不安があったことを認めざるを得ないのだ。

あるいは、大事な仕事を任されて喜んでいたが、だんだん胃が痛くなり、思った以上にプレッシャーを感じていた、不安を自覚できなかった（無意識だった）、と思うこともあるだろう。また、ある人に会うとドキドキしてしまう（心拍数が上がる）場合、その人のことを好きになっていた、と自覚することもあるかもしれない。

これらは、普段は意識されない自律神経による身体反応が、ある状況下で生じた場合に無意識が確信されるケースである。ここには自律神経の反応が何を意味するのか、ということについての一定の知識が必要になる。私たちは過剰な発汗や心拍数の急上昇が、緊張、不安、焦燥などを示すことを、経験的に知っている。胃痛、下痢、頻尿などが、強いストレスや不安を示すことも、わりと知られている。赤面、震え、どもり、呼吸の乱れなど、私たちは様々な身体反応、特に自律神経反応に結びついた心理的状態を知っており、それゆえ、そうした身体反応から無意識の心理を読み取ることに慣れているのだ。

自律神経反応と心理状態の関係については、かなり信憑性があると言える。ストレスがあると胃が痛くなるし、緊張すると汗が出る。好きな人の前ではドキドキする。怖いものを見ると背筋が凍り、鳥肌が立つ。これらは自ら経験して納得しているだけでなく、他人も同じような経験があることを知っているため、ほぼ間違いないと思えるのである。

逆に、こうした知識ゆえに間違う場合もある。胃痛があったとき、本当にもとから胃腸の調子が悪かったのに、ストレスのせいだと思うこともあるだろう。また、有名な吊り橋効果というものもある。吊り橋で恐怖や緊張からドキドキしている時、そのドキドキした感じを近くにいる人への恋と勘違いしてしまうのだ。

このように、自律神経反応による無意識の確信は、後で「違った」となる場合もあるにせよ、無意識の不安や欲望がある、という強い確信を生み出している。この点は反復運動による無意識の身体反応とは異なっている。習慣や訓練による身体の反応は確かに無意識を感じさせるのだが、そこに欲望や不安など、無意識の心理を見出すことはあまりない。しかし、私たちにとって重要な無意識の経験とは、自律神経反応から無意識を確信した場合のように、自らの欲望や不安に気づくことなのである。

このような無意識の確信は、自律神経反応以外にもある。それが先に挙げた、「感情」と「イメージ」である。次にこの二つの無意識経験について見ていくことにしよう。

感情とイメージから読み取る無意識

感情を内省することで無意識の本音に気づく、という場合がある。自分の考えていたことと反対の感情が生じてきたとき、私たちはその感情に無意識の本音を読み取ってしまうのだ。

知り合いと話していて無性にイライラしてしまう自分を発見し、なぜこの人と話していると苛立つのだろう、と思ったことはないだろうか。このとき、自分の感情に注意を向けてみることで、相手に対する嫌悪感に気づいたとする。何とも思っていないと考えていたが、実は相手のことを嫌っていた、無意識では一緒にいたくないと感じていた、と自覚したのである。

逆に、いつもうるさいと思っていた人が急にいなくなったとき、どこか寂しく感じている自分を見出すこともある。一人になってみて、寂しいという感情が溢れてくるとき、本当はその人のおしゃべりが楽しかった、一緒にいることが自然で安心感があった、と思えてくる。自分にとって、その人は大事な存在になっていた、無意識のうちに好きになっていた、そう確信するのである。

このように、私たちは自分の感情を内省するとき、そこに「無意識」の欲望や不安を確信することがある。しかもその無意識は、かなり確かなものとして感じられるはずだ。なぜなら、感情は自律神経反応などと違い、直接的に欲望や不安を指し示す指標であるからだ。

感情は意識的な考えによって生じるものではなく、嬉しくなろうと思って嬉しくなるわけでも、悲しくなろうと思って悲しくなるわけでもない。感情は意志に関係なく生じるのである。そして大抵の感情は自然なものだと思えるが、なかには自分の考えに反する感情だったり、思いもよらなかった感情に驚く、というような場合もある。こうした思考と感情のズレの中に、私たちは無意識の本音を見出している。考えていなかった感情が、無意識だった本当の欲望や不安として確信されるのである。

自律神経の身体反応や感情以外にも、意識の中に現われる像、イメージ、つまり表象から無意識を確信する場合もある。たとえば、夢や空想の中に思ってもみなかったイメージが現われたとき、私たちはそれを無意識の欲望や不安の証拠として考える傾向がある。

大事な仕事を引き受けて、自信もあり、絶対成功させると意気込んでいたとしよう。しかし、その仕事の日が近づくにつれて、自分が失敗している光景が頭にチラつくようになったとしたら、自分の中に失敗への恐怖、不安があることを自覚するに違いない。普段は自信があるつもりだったが、実はプレッシャーを感じ、不安な自分、自信のない自分がいたのであり、そのことは無意識だった、と思うのである。

好きになった人のイメージが頭から離れない、という場合もあるだろう。何とも思っていなかったはずの人のことを、目の前にいるとつい見てしまう、一人でいる時も相手の顔が何度も想起され、忘れられない、というような場合、その人のことを好きになっている自分を見出すに違いない。そんな気持ちはなかったはずなのに、無意識のうちに好きになっていた、と認めるのである。

こうしたイメージの想起には、同時に不安や心地よさなどの感情がともなっているものなので、確信された無意識の信憑性も高いと言える。しかし、夢に現われてくるイメージの場合は、無感情であったり、感情がマッチしないことも多いため、また、象徴的で、理解しにくいという面もあるため、無意識の強い確信にはなりにくい。それでも、私たちが夢から無意識を読み取ろうとするのは、夢は無意識と深い関係がある、と多くの人が考えているからだ。

夢は無意識の欲望や不安を示している、そう思っている人は少なくないはずだが、こうした考えが広まっている背景には、フロイトの精神分析の影響もあるだろう。だがそれ以上に、夢が意識的にコントロールできないイメージである、ということも関係しているように思える。覚醒時の空想はある程度まで自分の意志でコントロールできるが、白昼夢のように、振り払っても消えないイメージに悩まされる場合、私たちはそこに無意識の欲望や不安があることを感じとる。そして、この意識的なコントロールができないイメージの最たるものこそ夢なのである。

他者の反応からの確信

以上のような無意識の経験は、あくまで自分自身と向き合う中で生じたものであり、自分自身の行動、生理的な反応、感情、白昼夢、夢など、自分の身体に生じている現象から自らの無意識を確信する、というものであった。これとは別に、無意識の経験にはもう一つ、他人の言動から自らの無意識を確信する、というパターンがある。

知り合いの家に忘れ物をしたとしよう。後で忘れ物に気づき、「Aさんの家に忘れてきた」と共通の友人に話したところ、「忘れ物があるなら、もう一度Aさんの家に行けますね」と言われたとする。「別に行きたいわけじゃない……」と言い返したものの、実はAさんとまた会いたかったのかもしれない、という思いが生じてきたとしたらどうだろう。自覚していなかったが、Aさんのことが好きになっていた、と自らの無意識の欲望を確信するのではないだろうか。

これは失策行為と呼ばれるもので、忘れ物をしたり、言い間違いをしたり、といった行為の中に、実は抑圧された本音が、無意識の欲望が現われている、とフロイトは述べている。失策行為に自分一人で気づくことはあまりないが、他人に指摘されることで無意識を自覚することは少なくない。

無論、他人に自分の無意識を指摘される可能性があるのは、なにも失策行為だけではない。何気ない自分の行為、表情などが、他の人から見れば本心の現われと見なされることもある。

ちょっとしたしぐさ、一瞬の表情から、恋心を見抜く人もいるし、そうした人から「お前、あいつが好きなんだろ」と言われてハッとし、自分の好きな気持ちに気づく場合もあるだろう。同じように、「そんなに俺が嫌か」と言われ、自分の嫌悪感を自覚する場合もあるはずだ。自分では意識せずに、イライラした態度、棘のある言葉を発していた場合、相手は自分に対する嫌悪感を感じ取り、それを言葉にして投げかける。すると、相手に対する嫌悪が意識され、無意識のうちに嫌っていた、と感じてしまうのだ。

また、汗や身体の震えなどを他人に指摘されることで、意識されていなかった自分の不安や焦燥に気づかされることもある。自律神経の反応が心理状態の反映であるケースは多く、そのことは大抵の人が知っているし、他人の発汗、赤面、呼吸の乱れ、胃腸の不具合などから、不安や緊張、ストレスを読み取るのは難しいことではないからだ。ただ、これは指摘されるまでもなく、自分で気づけることも多いだろう。

こうした他人が指摘する無意識の根拠は、相手の身体的な表出だけとは限らない。長年、付き合いのある人物なら、過去の出来事や現在の環境などを熟知し、それゆえ「この人ならこうだろう」という推測がかなり精度の高いものである可能性もある。たとえ知り合いでなくとも、推論の能力が高い人、人間の心理に詳しい人であれば、相手の情報だけでもどんな人物なのか、どんな心理状態なのか、ある程度は推測できるものだ。そうした人たちによる指摘は、かなり核心をついている可能性が高く、相手に無意識の確信を促すものである。

ただ、相手が根拠もなく無意識を指摘しそれを信じてしまう場合もある。直観や自分の経験を過信している人は、大した根拠もないのに相手の心理を分析し、それを無意識として信じさせてしまうのだ。なかには嘘や当てずっぽう、でまかせなどで相手の心理を分析してみせ、それを無意識として信じさせることで、利益を得ようとする人間も存在する。悪質な自己啓発セミナーや商品販売、カルト的な新興宗教、高額な占い、霊視など、例を挙げればきりがない。

また、他人の反応から無意識を確信する経験は、何も言葉で指摘された場合だけではない。他人の表情や態度から自分の無意識を認めることもあるからだ。

相手の悲しげな表情から、自分の言葉が傷つけていたのだと気づき、相手に対してわだかまりがあったことを自覚する、という場合や、相手が無言で帰ってしまったことから、怒らせてしまったと気づき、自分が無意識のうちに傲慢な態度を取っていた、と意識する場合もある。相手の不安な様子から、自分が不安を与えていたこと、自分自身が不安になっていたことを自覚することもあるだろう。

このように、言葉による指摘だけでなく、他者の表情、態度、行為などから、私たちは自分に対する本音を読み取り、それによって自らの無意識を知ることもあるのだ。

無意識とは「自分を知ること」である

さて、ここまで無意識を確信する経験について、私自身の実体験だけでなく、想像し得る多様なパターンを考えてきた。出発点は私個人の経験だが、本質を求める以上、私にとっての意味を超えて、誰にとっても共通する意味を求める必要がある。そのため、自分とは異なる文化、境遇、環境の人であっても共通する、誰もが経験し得るような無意識について考える必要があったのだ。

現象学における本質の洞察（本質観取）では、まず自分の経験を十分に振り返る作業を行い、次にこれらの経験に共通していることは何かを問い直さなければならない。そして、多様な経験に共通する意味を見出したら、再び自らの経験を内省し、それが当てはまるかどうかを確かめる。さらには、他の人々にも内省して確かめてもらい、誰もが納得できるかどうか、共通了解が可能か否かを検証することが、より望ましいだろう。

私が無意識を確信する経験を列挙し、比較検討することで、真っ先に気づいたことがある。それは、無意識の経験には必ず「自分を知る」という気づきが含まれていることだ。

私たちは無意識の不安に気づくとき、自覚されていなかった「不安な自分」を見出している。それは「知らなかった自分を知る」ことでもあるはずだ。「無意識のうちにやっていた」とか、「これが私の無意識だったのか」などと感じる場合、そこには「自分は実はこういう人間だったのか」というような自己への気づきがともなっている。

自己への気づきを「自己了解」と呼ぶとすれば、それは「自分はこういう人間だったのか」「自分にはこんな欲望があったのか」など、自分をあらためて捉え直すような経験である。その際、新たな自己像が意識され、それまで自分で理解していた自己像が不十分なものであったこと、あるいは間違った自己理解であったことを確信するだろう。そして、従来の自己像は修正されることになる。

私たちは日々の生活の中で自己了解を繰り返し、自己像、自己理解を刷新しながら生きている。自己了解は特に無意識を意識しない場合もあるのだが、それは薄々気づいていた場合や、自己の心理状態とはあまり関係ない内容の場合である。一方、自分の欲望や不安などの心理状態について気づく場合には、そこに無意識を自覚する経験をともないやすい。自分には思ってもみなかった欲望や不安があったことに気づくとき、それは無意識だったと感じられ、同時に、それまで理解していた自己像とは異なる新しい自己像が浮かんでくる。無自覚だったその欲望、不安を抱いた自分こそ、「本当の自分」のように思えてくるのである。

このように、無意識を確信することは、自己了解が生じることと深くつながっている。というより、無意識とは自己了解であり、それが本質なのではないだろうか？

自己了解と「本当の自分」

無意識が自己了解だとすれば、無意識への確信を生み出している「習慣化した行動」「自律神経反応」「感情」「イメージ」「他者の反応」などは、自己了解が生じる条件ということになる。これらの条件をさらに整理すると、「他者の反応」と「自己の身体反応」に分けることができる。

自己の反応は、自分の主体的な意志とは無関係な身体の反応であり、自律神経反応はもちろんだが、「習慣化した行動」もまた、意志とは関係なく、身体が反射的に動いている。感情や白昼夢、夢にしても、自分でコントロールして感情を生み出したり、夢を見ているわけではない。自分の意志とは無関係に身体が反応するとき、私たちはそこに無意識の欲望や不安があることを確信し、それと同時に自己了解が生じている。

ただ、「習慣化した行動」に関しては、自己了解は生じないのではないか、という疑問を感じる人もいるだろう。特に訓練した運動などは自己了解とほとんど無関係に思えるからだ。確かにそれは無意識を強く意識させる体験にはなりにくいものであり、無意識経験の典型例とは言えない。私たちが無意識を強く意識するのは、やはりその体験の中に、それまで理解していた自分とは異なる自分を見出したときであるからだ。

しかし、「習慣化した行動」においても無意識が強く意識され、自己了解が生じる場合はある。たとえば習慣化した癖なども普段は意識されないが、ふと「自分はなぜそうしているのか」を考え、そこに知らなかった自分の不安や欲望を見出すような場合。さらには、人の集まる場所にはいかない、いつも周囲に同調して自分の意見を言わない、というような行動が習慣化している場合である。そこに、他人に批判されたくない、恥をかきたくない、というような無意識の不安を見出すとき、自己了解が生じ、それまでの自己イメージは修正されるだろう。

ただ、このような無意識の行動に関しては、通常、自分一人ではなかなか気づけるものではない。毎日のように繰り返し、あたり前だと思っている行為には、疑問を持たないのが普通であるからだ。また、実はそれに気づきたくない、と心のどこかで思っていることも多い。自分の不安や羞恥心に関わる無意識の内容は、誰でもあまり自覚したくないものであり、そのため、気づきそうな機会があっても、見て見ぬふりをし、考えないようにしてしまうのだ。

しかし、このような人であっても、他人から無意識を指摘されれば無視できない。特にそれが信頼できる人の指摘であるなら、自分一人では素直に受け容れられないような欲望や不安でも、受け容れられるかもしれない。それは、それまで頑なに信じていた自己像、自己理解を変えるきっかけになるだろう。

このように、「他者の反応」は「自己の身体反応」と同じように、あるいはそれ以上に、無意識の確信をもたらし、自己了解を促すことになる。それは従来の自己像を刷新する機会となり、その自己像こそが「本当の自分」だと確信するようになるのである。

承認欲求が生む無意識の確信

自己了解を介して自己像を形成する、という作業は、自らに対する内省と他者の指摘をとおして生涯続く作業である。だが、一人ではうまく自己を内省できない人もいるし、自分の考える自己像に固執して他人の指摘に聞く耳をもつことができない人もいる。しかし、そのような人であっても、信頼する人や親密な人からの指摘には耳を傾けるものだ。

たとえば、仕事に自信のある人が、大事な仕事の直前になり、胃腸の調子が悪くなって仕事の準備に支障をきたしたとしよう。それを知ったライバルの同僚に、「びびってんだろ」と言われ、「そんなわけあるか！」と言い返したとする。実際、彼は「体調不良なだけで、仕事は全然問題ない」と信じていた。しかし、親友から「本当は不安なんだろ」と言われると、「そうかもしれない」「どこかで失敗を怖がっている自分がいたような気がする」「きっと本当は自信がないんだ」という言葉が口をついて出てきたのである。

このような場合、最初は自分の不安を指摘されても、自分の自己像に固執し、まったく認めようとしなかったが、信頼できる人から同じ指摘を受けたとき、無意識だった不安を確信し、自己了解が生じている。では、最初の他者の指摘と何が違ったのだろうか？

それは「他者に認められたい」という承認欲求であり、それがこの違いを生んでいる。

他者に指摘された自分の無意識的な行為、身体的な反応、心理状態は、ただ自分の中に「無意識的なもの」があったことを確信させるだけではない。それは同時に、自分の気づかなかった行為や身体的表出が、他者にとって何を意味するのかを示しており、自分が相手にどのように見られているのかをも気づかせる。他者の指摘する私の印象は、その他者が私に対して感じていることであり、私への評価でもあるのだ。

信頼できる人、親密な人に自分の無意識的な感情を指摘された場合、無関係な人に指摘された場合よりもその言葉を信じる可能性が高いのは、その相手が自分に嘘をつくわけがない、私のことをよく知っている、という信頼があるからだ。自分のことを心配して言ってくれているに違いない、そう思えるとき、私たちはその指摘を受け容れる。

無論、信頼できる相手だからと言って、いつも正しいことを言えるわけではないし、勘違いしていることだってあるだろう。しかし、それでも信頼できる相手の指摘は無視できない。それは、相手の指摘を無視すれば、信頼関係にひびが入る可能性があるからだ。信頼している人、親密な人に嫌われるのは耐え難いことであり、相手のことを軽んじていない、ということを示すには、相手の指摘を真剣に受け止める必要がある。

こうした心理の根底にあるのは、相手に認められたい、という承認への欲望である。大事な相手に認められるには、その相手を信頼していることを示さなければならない。

また、他者が指摘する自分の感情や性格のなかには、自分では気づきにくいような、簡単には認めがたい内容のものも少なくない。誰でも自分の嫌な部分は知りたくないものだ。それでもそうした指摘を受け容れるのは、そんな自分でもこの人は受け容れてくれる、認めてくれる、と信じることができるからだ。その安心感が、自分のネガティブな面と向き合う勇気を与えてくれる。

嫌いな相手、信頼できない相手に無意識を指摘されても、普通は素直に受け容れられるものではない。「なんだか無理しているね」と指摘されても、自信がある人からすれば、「何をばかなことを」と無視してしまうだろう。あるいは嫌みに聞こえることもあり、「ほっといてくれ」と言い返したくなるものだ。この場合、無意識の確信は生じない。

そもそも自分の弱さを認めることは、誰でも多かれ少なかれ抵抗がある。弱い自分では周囲も認めてくれないかもしれない、という不安があるからだ。だから、周囲に弱さを指摘されてもなかなか受け容れられないし、無意識の確信、自己了解には至らない。まして嫌いな人間に弱さを見せることは屈辱であり、なおさらその指摘を認めることはできないだろう。

しかし、親友に「なんだか無理しているね」と指摘されれば、自覚していなかった不安な自分を素直に認めることができるのではないだろうか。ハッとさせられ、無意識だった「自信のない自分」に気づき、「ああ、この人だけはわかってくれている」と思うに違いない。自分の弱さを受け容れ、あるがままの自分を認めてくれている。そうした信頼と承認の充足感こそが、無意識の確信を生み出し、自己了解を生み出すのである。

他者の身体反応

誰かに指摘されて確信が生じるような「無意識的なもの」は、認めたくない内容であることが少なくない。自分の知らなかった一面を受け容れることは難しいし、特にその内容が、自分の不安や弱さ、あるいは偏見を示すもの、恥ずかしいものであればなおさらである。しかし、信頼できる人にそれを指摘されれば、そうしたネガティブな感情や考えの歪みを直視し、無意識にあった本当の自分を認めざるを得なくなる。

また、すでに述べたように、他者との関係から無意識を確信する経験は、他者の言葉による指摘だけではなく、他者の表情や行為など、様々な身体的な反応から影響を受けている。

たとえば、いつも微妙に自分を避けるような態度をとる相手のことは、あまり信頼できない感じがあり、自分のネガティブな感情を指摘されても素直に受け止めることはできない。そこには信頼関係が成立せず、無意識の経験は生じないのだ。逆に、いつも自分の近くに来て話しかけようとする人は、その表情、ふるまいから、何となく信頼できる感じがするものであり、そうした人の指摘は素直に受け容れることができる。それは言葉による指摘でなくとも、さりげない行動、表情から、自分の不安やあせりなど、ネガティブな感情に気づかされることも多いはずだ。

もちろん、信頼できない相手から投げかけられた指摘でも、実は自分はそうなのかな、と思う場合もある。それは、自分を客観的に見る力があり、誰の指摘でも公平に吟味できる人の場合だ。

このような人は、自分の言動について思いもよらない批判を受けた場合でも、「自分に落ち度があったのではないか」「悪い点があったのではないか」と考えて自分のありようを内省し、そのことに無意識だったと思うだろう。かなり自己理解ができている人間であれば、薄々自分でも気づいていた可能性がある。そうでなければ、相手に信頼感がない限り、無意識の確信、自己了解は生じないはずだ。

さらに言えば、他者の表情や身振り、行動など、身体的表出には、嘘がなく、本音が現われているという確信があるため、そうした他者の身体的表出の中に自分の無意識への反応を見出し、自己の無意識を確信する場合もある。それは、言葉で指摘されるより確かなものとして受け止められ、無意識の確信をもたらすのである。

以上のように、人間は他者の承認を求めているため、他者との信頼関係は無意識への確信を生み出し、自己了解を促す特別な重要性を持っている。そこに信頼感や愛情があれば、相手の指摘する自分の心理は無意識として受け止められ、「本当の自分」として受け容れられるのである。

事後的に想定された無意識

ところで、無意識を確信する際には自己了解が生じ、思ってもみなかった欲望や不安が「無意識のうちにあった」と感じられるわけだが、実際のところ、そのような無意識的な欲望や不安が本当に「以前から心の奥底にあった」と言えるだろうか?

なるほど、私たちは無自覚だった感情に気づくとき、「その感情は以前から心の奥底にあった」「それは無意識になっていた」と考えてしまいやすい。深層心理学の影響もあり、無意識は心の貯蔵庫のようなものとして想定され、そこに欲望や不安が抑圧されている、というイメージを多くの人が持っている。

しかし、それはあくまでも無意識を確信するような経験から、事後的に想定された無意識であり、実体化された無意識のイメージにすぎないし、証明し得ない仮説でしかない。心の中に存在していたように思える無意識的な自分とは、あくまでも後から想定された自己像であり、自己了解によって確信されたイメージなのだ。

これに対して、現象学では「無意識的なもの」が「心の中に存在していた」と考えるのではなく、「心の中に存在していた」と確信するのはなぜなのか、と考える。そのことによって、無意識を確信する経験がどのような意味を持つのか、その本質に迫ろうとするのだ。

誰かに「平気な顔をしているけど、本当はずっと不安だったんだろ」と言われたとしよう。信頼できる人だったので、「そうかもしれない、意識してなかったけど、不安だったのかもしれない」と考え、そうした無意識の不安があったことを受け容れたとする。だが、そのような不安が本当に無意識としたあったとはかぎらないし、指摘されてはじめて不安になったのかもしれない。しかしそれでも、こうした無意識の経験は私たちの自己理解を変え、より納得のいく生き方に方向転換するきっかけになり得るかもしれない。

多くの人は、自分が何を求めているのか、「本当の自分」はどのような人間であるのか、問い続けながら生きている。自らの無意識へ関心を抱くのも、そうした自分探しの問いから生じている。そして私たちは、自分の身体反応や他者の反応を契機として「無意識的なもの」があったことを確信する度に、従来の自己像を見直し、修正しながら生きている。それは時として、とても大きな自己イメージの変更になるだろう。

このような自己了解のプロセスこそ、無意識という経験の内実なのである。

無意識の本質

以上のように、無意識とは自己了解であり、従来の自己イメージを少なからず否定し、「本当の自分」の発見を確信させるような体験でもある。そうした「本当の自分」は後から想定されたものであり、「以前からそうした無意識があった、それが本当の自分だった」という証明はできない。無意識の経験は「後から本当の自分がわかる」という事後性を含んでいるのだが、「わかった」という確信があるだけで、それが実際に「本当の自分」と言える保証はないのである。

だがそれでも、こうした無意識の経験にともなう自己了解は、私たちの生活、行動、生き方を変えるだけの、大きな力を持っている。なぜなら、私たちは自分の行為を選択する際、自分がどうしたいのか、何をすべきなのかを考える必要があるからだ。

どうすべきかは社会や周囲の人間が決めるために選択の余地がない、自由がない、という人間なら、こうした行為の選択に迷いは生じないだろう。しかし、自分の意志で自由に行為を選び、生き方を選択できる立場にある人間なら、何をすればよいのか、悩むのは当然である。誰だってよりよい人生を送りたいし、自分の納得できる行為、生き方を選びたい。そのためには、自分が本当は何を望んでいるのか、どうすれば納得できるのかを知る必要がある。だからこそ、自分の気持ちに気づくという自己了解が必要になるのだ。

近代社会の到来とともにはじまった自由な社会では、自分をよく知ることが自由な生き方において重要になった。それが無意識への関心を高めることになったことは、すでに触れたとおりだ。自由に生きてもよい社会では、自分がどうしたいのかを考える。だが、誰もが即座に自分のしたいこと、望みを明確にできるわけではない。自分がどうしたいのか、自分はどんな人間なのか、逡巡し、葛藤し、答えを見出そうとする。自分探しに奔走したり、無意識を知ろうとするのはそのためだ。

しかし、無意識の経験から得られる自己の欲望や不安、自己像は、後から想定されたものであり、「本当の自分」とは言い切れないとすれば、誤った自己理解になる可能性も否めない。はたしてそれで、本当に自由に生きることなどできるのだろうか?

この点についてもう一度慎重に考えてみると、無意識の確信による自己了解の精度（正しさ）は、無意識の経験の仕方によって異なる、ということが見えてくる。

感情は自分の本心を直接的に現わしているので、感情からの無意識の確信が最も信頼できることは間違いない。不安な気持ちが生じているのに、実は不安ではないかもしれない、などということはあり得ないからだ。もっとも、以前からずっと不安だったかどうかはわからない。

では、自律神経の身体反応から無意識を確信する場合はどうだろうか。これは同じような経験を持つ人が多いことからも、常識の範囲なら当たっている可能性が高いと考えられる。過剰な発汗や胃腸の痛みが不安の現われであることは、過去の似たような経験からほぼ間違いないと確信できるし、自分だけでなく、誰もが同じような経験をしているという点で一般性もある。したがって、その時の自分の状況を総合して判断すれば、確信された無意識の内容が間違う可能性は低いだろう。白昼夢などのイメージから無意識を確信する場合についても、一定の信憑性はある。ある人の顔が何度も思い浮かぶとき、無意識のうちに好きになっていた、という確信は大体当たっているものであり、過去の悲しい出来事が頭から離れない、というような場合も、同じことが繰り返されるかもしれない、という不安を示している場合が少なくない。ただ、イメージは多様な解釈ができる面もあり、特に夢の場合は恣意的な解釈になることが多いのも確かである。

習慣化した行動についてては、もう少し慎重な検討が必要になる。反復による反射運動はともかく、同じ行動パターンを繰り返す場合は、何らかの欲望や不安が関わっていることが多く、それは過去に起きた成功や失敗、恐怖など、様々な出来事や繰り返された生活が関係している可能性が高いからだ。

たとえば、幼児期に虐待が繰り返されれば、その頃に身についた防衛反応、親への対応の仕方が、大人になってからの対人関係にも影響し、相手を怒らせないような妥協的な態度、自己否定的な言動、同調行為を繰り返すようになるかもしれない。しかし、このような行為の意味に気づくことは決して簡単なことではない。それこそ、多様な解釈が成り立ち得るし、その上、自分では気づきたくない場合も多いからである。

だとすれば、習慣化した行為から無意識を確信する場合、誰か他の人に気づかせてもらうほうが現実的と言えるのだが、他者の指摘による無意識の確信は、それこそ間違っている場合も多いだろう。世の中には悪意を持って嘘をつく人、先入観や偏見で判断する人は多く、そのような人々の指摘は到底信頼できるものではない。また、信頼できる人、親密な関係にある人なら、親身になって考え、指摘してくれる可能性は高いため、指摘された内容も一定の信憑性があるのだが、しかしそれでも、その判断、指摘が当たっているという保証はない。

しかし、習慣化した行為の意味を分析する方法があれば、確信された無意識の内容が正しいかどうかを吟味することができるはずだ。それには、習慣化された無意識の行為をいつから、どのようにして行うようになったのか、その経緯を考えてみる必要がある。過去にさかのぼり、その意味を掘り下げて探ってみるのである。

これは無意識の発生についての考察であり、無意識的行為の形成についての分析と言える。それはまた同時に、私たちがいつから無意識を意識しはじめるのか、無意識の確信を経験するようになるのか、その経緯を問うことでもある。それによって、私たちは無意識の本質をより深く理解することができるだろう。そして、無意識の確信による自己了解の精度を知り、より自由に生きるために、無意識の経験を活かすことができるはずである。

次章ではこの問題に焦点を当てながら、無意識の問題をさらに掘り下げて考えていくことにしよう。

4章　無意識はいかにして生まれるか？――心の発達にともなう身体化

反復される行動の意味

無意識のうちに繰り返される行動、習慣化した行為には、都合のよい面と悪い面がある。
都合がよいのは、いちいち考えなくとも、スムーズに物事を行えること。たとえば、通い慣れた道であれば、考え事をしていたり、空想に耽って歩いていても、いつの間にか目的地に辿り着いている。車の運転やスポーツでの反射的な反応も同じで、意識せずとも身体が反応してくれる。このような「意識せずともできる行為」のお陰で、私たちは日々の生活を問題なく過ごせている。もしあらゆる行為に意識が向けられるとしたら、神経はすり減り、生活は破綻してしまうだろう。

逆に、行為の習慣化によって変な癖が身についた場合は、生活に支障をきたすこともある。何度も確認する癖がある、忘れ物が多すぎる、過剰に潔癖であろうとするなど、奇妙な癖は時間を無駄にし、周囲からも奇異な目で見られることになる。まして、虚言癖や、万引きの常習、アルコール依存など、もはや病的とも言える習慣的行為は、生活を破綻させてしまう危険性さえあるだろう。

対人関係における習慣化された行為にも、よい影響を及ぼす場合もあれば、悪い影響をもたらす場合もある。

困っている人を見かけたらすぐ手助けする人、面倒なことでも率先して動ける人は、考える前に行動に移しており、やるべきか否かを意識したりはしていない。それは無意識のうちに習慣となっており、その結果、相手から感謝されたり、良好な人間関係が築かれやすい。その反対に、都合が悪いと嘘をつく、立場が悪くなると逃げ出す、自分が損をしないように他人を利用する、といった行動を無自覚に繰り返す人は、他者に批判され、嫌われることになるはずだ。

こうした行為は日常的に繰り返されているため、普段、自分がそのような行為を身につけている、と強く意識されることはない。習慣化した行為を無意識として自覚するのは、ほとんどが他人に指摘された場合であり、それまでは深く考えてみたことがないものである。また、それを無意識の行為として自覚していたとしても、なぜそのような行為を繰り返してしまうのか、自分でもわからないのが普通だろう。

すでに述べたように、無意識とは自己了解であり、知らなかった自分への気づきである。しかし、不安な自分、ある欲望を抱いた自分を無意識として気づくなら、それを「本当の自分」と見なして自己像を修正するのだが、習慣化された行動に対して「無意識のうちにやっていた」と気づいても、無意識の行為の理由がわからなければ、自己像が適切に修正されることはない。

無意識だった恐怖や悔しさに気づけば、怖れていた自分、悔しい思いを抑えていた自分を「本当の自分」として認め、自己イメージも刷新されるだろう。しかし、無意識のうちに自分が他人を避けていることに気づいても、なぜ他人を避けてしまうのか、その理由がわからなければ、「本当の自分」は見えてこないのだ。

同じ習慣化した行為でも、単に反復運動によって身についた行為（癖、反射的運動）の場合、無意識だったと気づいても、その意味を深く考える必要はない。その行為は練習や生活習慣で生じているだけなので、日常生活に支障はなく、むしろ有益なことも多いからだ。

しかし、習慣化した行為には日常生活や人間関係に支障をきたすようなものもある。その場合、原因となった不安や恐怖など、重要な心理的意味がある可能性が高いだろう。その意味を理解することは、重要な自己了解、自己像の修正につながる可能性があり、日常生活と人間関係を改善する上で必要なことなのである。

では、どうすれば習慣化した行為の意味を理解できるのだろうか？

過去の分析

習慣化した行為は何度も繰り返し行われているため、なぜ何度も行われるようになったのか、きっかけは何だったのか、過去に遡ってその歴史的な経緯を探ってみる必要がある。

重要な仕事を任されると、いつも直前になって逃げてしまう、という行為を繰り返していた人がいたとしよう。言いわけをしたり、体調を崩したり、別の用事を思いついたり、身体がすくんで現場へ行けなかったり、表面的な理由は様々だが、結局、いつも仕事を放棄してしまう。わざとではないのだが、いつもそうなってしまうのだ。

しかし、彼はそのことを他人に指摘され、確かに自分はいつも逃げている、と気がついたとしたら、無意識のうちに「逃げている自分」がいたことを自覚したことになる。この気づき（自己了解）から「本当の自分は臆病なんだ」と認めれば、臆病でないと思い込んでいた自己イメージを修正せざるを得なくなる。

とはいえ、こうした習慣化した行為の意味を、ただ「臆病」の一言で片づけられるほど、問題は単純ではないように思える。「どうせ私は臆病なんだ」とあきらめ、自己否定的になり、ますます逃げるようになるとしたら、この気づきは何らメリットをもたらさなかったことになる。しかし、もし臆病になった理由、逃げ出してしまう理由がはっきりすれば、自分を変えるきっかけになるだろう。そして、その理由を知るためには、過去を分析することが必要になる。

たとえば、重要な仕事を成し遂げれば、称賛され、評価され、周囲の尊敬、待遇の改善を得られる可能性があり、失敗してもさほど責められない。そんな状況だったとしよう。普通はリスクの少ないこの仕事を遂行するに違いないし、本人もそれは十分わかっている。だが彼はそれができず、やはり直前で仕事を放棄してしまうのであり、そこには何か原因があるのかもしれない。

そこで過去を振り返ってみると、就職する前から、高校や大学でも同じようなことを繰り返してきたことに思い当たる。また、中学生の頃、クラスで重要な役割を任されたが、失敗し、ひどく顰蹙を買ったことを思い出した。それが原因で失敗を恐れるようになったのだろうか？

しかし、さらによく考えてみると、幼い頃から失敗すると、親に厳しく叱られていた。新しいことに挑戦しても、少しうまくいかないだけで、ほらみろと言わんばかりに不機嫌になり、しばらく口をきいてくれず、時には厳しい口調で叱責されたことも少なくない。そのため、いつしか新しいことに挑戦したり、冒険するのはやめるようになっていた。

そう考えると、大事なことを任されると、失敗したときの恐怖、屈辱感、苦しみが頭をよぎり、やる前から避けてしまう、という行動を取るようになったことは十分考えられる。失敗によって嫌な思いをする経験が積み重なり、嫌な思いを避ける行動を繰り返すようになったのである。

　このように、過去を内省してみることで、無意識だった自分の行為の意味が見えてくる。それはより深い自己の理解に達し、歪んだ行為の見直しにつながるに違いない。なぜなら、自分の行為の原因が過去の叱責や非難にあるとしても、現在の状況でも同じことが起こるとは言えないし、職場の人たちが親のようにひどく非難したり、理不尽な叱責をするとは考えにくいからだ。とすれば、大事な仕事にチャレンジしたほうが、自分の可能性を拡げることができる。それは周囲に認められる可能性も高くなり、より自由に生きる道を開いてくれるだろう。

　もし過去を吟味せず、最初の無意識の確信だけしかなかったら、自分は臆病者だ、という自己理解に達したとしても、行為を変えようとはしないかもしれない。誰でも習慣になっている行為を変えるのはこわいものであり、どうせ自分は臆病な人間だから重要な仕事などできない、と考えるだけで終わってしまうのだ。

　このように、無意識の経験が自己了解をもたらすものだとしても、それが「弱い自分」「不安な自分」といったネガティブなものであれば、ますます自己否定的になり、自由への道を閉ざしてしまう可能性がある。それを変えるためには、過去の内省を含んだ、より深い自己理解が必要になる。問題行動の原因を知り、過去と現在の状況を冷静に比較できれば、行動を変えることはできると理解し、変えたいと心から思えるようになるはずだ。自由に生きるためには、自分が本当はどうしたいのか、そこに気づくことが大事なのである。

　人間の多くの行為は意識されないものであり、またそうでなければ、日常生活を穏やかに送ることはできない。ところが一方では、日常生活を脅かし、苦しみを生むような行為が習慣化し、意識されなくなることもある。そこで次に、人間の習慣化された行動パターンがどのようにして形成され、やがて無自覚なものへなっていくのか、そのプロセスを考えてみたいと思う。

自己意識と無意識

無意識を確信するような経験は一体いつ頃から生じるのだろうか？

無意識は自己了解であり、知らなかった自分に気づくことだとすれば、まず自分を意識できなければ無意識を意識することもできない。自己意識が生まれ、自己像がある程度形成されてこなければ、当然、自己了解も、無意識の経験も生じないはずだ。そして、自己意識が生じる時期は、乳児期にまで遡らなければならない。

人間は最初、自分と自分以外のものを区別できず、いわば自他未分の状態にある。徐々に見えている世界が拡がっていくとしても、それを見ているのが自分だという意識はなく、まだ自己意識は存在していない。

無論、これは過去を振り返って思い出せるようなことではないし、経験的に確かだと断言できることではないのだが、しかし赤ちゃん時代に限らず、私たちは何かをしているとき、いつでも自分を意識しているわけではない。われを忘れ、ある行為に没頭しているときは、自分が行為している、自分が対象を見ている、というようなメタレベルの視線はなく、ただ行為に夢中になっている。そして、われに返ったとき、自分の行為を客観的に見ている「私」が意識されるのだ。

西田幾多郎はこのような経験を「純粋経験」と呼んでいる。[49]

純粋経験とは、反省の加えられないあるがままの経験のことである。たとえば、私が美しい花を見ているとき、「私が見ている」という意識はなく、ただ花が見えている世界に没入しており、そこに「私」が「花」を対象として捉えている意識は存在しない。私（主観）と花（客観）は区別されず、主客未分の状態にある、と言ってもいいだろう。しかし、そうした状態を反省してみると、花を見ている「私」が意識され、主観と客観が分離されることになる。

西田幾多郎によれば、一生懸命に断崖を登る時、音楽家が熟練した曲を演奏する時は、「知覚が厳密なる統一と連絡とを保ち、意識が一より他に転ずるも、注意は始終物に向けられ、前の作用がおのずから後者を惹起しその間に思惟を入るべき少しの亀裂もない[50]」。

断崖を登る時、私たちは必死で断崖に注意を向けており、「いま俺は断崖を登っている」などと考えたりはしないで没頭しているはずだ。音楽家が演奏している場合、自分は演奏している、などと客観視せず、ただひたすら集中して演奏し、いわば楽器と一体化していると言っても過言ではない。これが純粋経験であり、それは「私」と「対象」の区別のない、「毫も思慮分別を加えない、真に経験そのままの状態[51]」なのである。

なるほど、「私」という自己意識が生じるのは、「私」が意識されていない状態、体験に没入して

(49) 最初に「純粋経験」について論じたのはウィリアム・ジェイムズであり、その思想は西田幾多郎やベルクソンらに影響を与えることになった（W・ジェイムズ『純粋経験の哲学』伊藤邦武編訳、岩波書店、二〇〇四年）。
(50) 西田幾多郎『善の研究』講談社、二〇〇六年、三五頁
(51) 同前、三〇頁

いる状態がまず存在し、そこから反省することによってのみ可能になる。体験を反省したとき、そこに自己意識が生じるのであり、自己意識があるからこそ、無意識の確信が生じる可能性が生まれてくる。無意識は「自分がやっている」という自己意識の欠如である。

そう考えると、やはり幼児期に「私」という自己意識が形成される前は、非反省的な意識があるだけだった、と考えるのが妥当であろう。赤ちゃんは最初、無意識に行動しはじめるのだが、次第にその行為をしている自分が意識されるようになるのである。

とはいえ、無意識への確信が生じる経験は、もっと後のことだと考えられる。なぜなら、無意識の本質は自己了解だが、自己了解の力は一定の条件がなければ形成されないからだ。また、無意識は自分が理解している自己像とは異なる自分への気づきでもあるため、ある程度の自己像が形成された後でなければ無意識の確信は生じない。無論、自律神経反応やイメージから無意識を想定する知識もないし、感情から無意識を確信するにしても、他人から指摘されなければ無理だろう。

では、無意識の経験の前提となる「私」という自己意識は、幼児期においてどのようにして形成されるのだろうか?

共感と「存在の承認」

自己意識が形成される最初期の場面を想像してみると、そこには他者との関係が深く関わっている情景が見えてくる。

幼い子供は泣いたり、いたずらをしたり、何か行為を示す度に、親から「いい子だね」とか「寂しかったの?」とか、様々な言葉を投げかけられる。すると、それによって「いい子の自分」や

「寂しかった自分」が意識されるようになり、行為をしている主体、感情を抱いている主体として、「私」が意識されるようになるのだ。それらの行為や感情は、「私」の性格を示すものとして認識されるようになり、徐々に「私」の輪郭が形成され、それが自己像となっていく。

ただし、親の言葉かけが何であってもよい、というわけにはいかない。親子の間に信頼関係があり、子供の気持ちを共感的に受け止め、それを言葉にして返す、という対応が不可欠だ。

母親の不在に気づいた幼い子が、大声で泣き始めたとしよう。それに気づいた母親が急いで駆け寄り、「ごめんね、寂しかったね」と優しく声を掛けながら抱きしめたとする。母親は子供の寂しさに共感し、「寂しい」という言葉を使って理解を示したのである。このような親の対応は、幼い子供の心に様々な影響を及ぼすことになる。

まず、子供の感覚や感情が分節化し、多様な感覚、感情へと発達する。

私たちは「怒り」「悲しみ」「喜び」「恐怖」といった基本感情だけでなく、「不安」「羞恥心」「罪悪感」「恋愛感情」など、複雑な感情を抱くことができる。だが、そうした感情は最初からあるわけではなく、赤ちゃんには「快」「不快」しか存在しない。不快となった赤ちゃんは泣き叫ぶが、それがある感情として区別できるようになるのは、他者の共感的な言葉かけによるところが大きい。母親が「寂しかったね」と言いながら抱きしめることで、またそうした対応が何度も繰り返されることで、自分の不快感が「寂しい」という感情だと知るようになる。こうした多様な感情を区別するようになるのだ。

また、親の共感的な理解は、子供の自己了解の力を育むことができる。

自分の感じている不快感が「寂しい」という感情だと知ることで、同じような不快感が生じた場合には、それが「寂しさ」だと即座に理解できるようになる。もちろん、最初は親に何度も言葉にしてもらわなければ、すぐにはわからないだろう。しかし、同じような経験が繰り返されれば、次第に自分一人でも理解できるようになる。自分の感情が動いたとき、その感情が何であるのか、自分の状態がわかるようになり、自己了解ができるようになるのだ。自己了解の力は他者の共感的な対応を介して形成されるのである。

さらに言えば、母親の共感的な対応は、子供に自分の存在が受け容れられた、認められた、という実感を与えることができる。

共感は、相手の感情と同じ感情が生じていると確信し、相手の状態が理解できている、と感じられる経験である。寂しがっている人を見れば、自分の心にも寂しさを感じ、相手の気持ちがよくわかると感じられ、「寂しかったよね」と声を掛けるなど、慰めることになるだろう。

共感していると思っても、本当に相手の感情が理解できているとはかぎらない。ただ、様々な研究から、相手との関係が近く、背景にある事情に熟知し、しかも眼の前にいる場合ほど、共感の精度(正しさ)が高いことがわかっている。だとしたら、母親の子供に対する共感はかなり正確なものだと考えられる。

共感されると私たちは、「あるがままの自分」が受け容れられた、認められた、という安心感を抱くものだ。この「あるがままの自分」という存在そのものへの承認を、私は「存在の承認」と呼んでいる。共感は「存在の承認」の喜びをもたらすため、幼児はこのような経験から承認される自分を意識しはじめ、承認への欲望を抱くようになるのである。

母親による共感的な対応は、幼児に以上のような効果をもたらす。このことによって、幼児は感情の主体として自己を認識しはじめ、そうした自己は「存在の承認」によって肯定的に捉えられるようになる。それは自由に行動する基盤となるだろう。なぜなら、「あるがままの自分」が肯定されることで、自分の行為も肯定的に捉えるようになるからだ。そして自己了解ができるようになれば、自分がどうしたいのかも見えてくるようになる。

こうして自己意識が形成されるようになり、自由に生きるための準備が整うことになるのだ。

「行為の承認」と否定

人間の承認欲求には「あるがままの自分」を受け容れてほしいという「存在の承認」の他に、行為の価値を認めてほしいというものもある。学校の成績やスポーツでの活躍、仕事の成果、手伝いや協力など、優れた行為や作品、よい行いに対して、称賛や高評価を得たい、という承認欲求であり、これを私は「行為の承認」と呼んでいる。

「行為の承認」への欲求は、しばしば「存在の承認」への欲求と矛盾し、葛藤する。[52]

たとえば、遊びたい、休みたい、と思う一方で、でも勉強しないと親に怒られるし、いい成績を取ってほめられたい、と思えば、遊ぶのを我慢して勉強するだろう。これは「行為の承認」への欲求だ。しかし勉強があまりに大変だと、「休みたい、遊びたいという気持ちもわかってほしい」「勉強ができなくても怒らないでほしい（受け容れてほしい）」と感じるはずである。これは自由への欲

（52）「存在の承認」と「行為の承認」については、拙著『ひとはなぜ「認められたい」のか』（筑摩書房、二〇二一年）において詳しく論じている。

求であると同時に、「あるがままの自分」も受け容れてほしいという「存在の承認」への欲求でもある。

こうした矛盾する欲求の葛藤は、時として苦しみの原因となりやすい。「勉強で認められたい」という欲求と「休みたい、遊びたい」という欲求が葛藤した場合でも、納得した上でどちらかを選べれば問題はないのだが、「勉強で認められたい」欲求ばかりを優先し、「休みたい、遊びたい」欲求を無理にがまんし続けると、後者の欲求について考えないようにする癖がつき、自覚できなくなる場合も少なくない。しかし、それを誰かに指摘されれば、無意識になっていた欲求として気づくことになるだろう。

そう考えると、無意識を確信する経験において、自由と承認の葛藤、あるいは「行為の承認」と「存在の承認」への欲求の葛藤が原因となっている場合、かなり重要な自己了解が生じていることになる。では、このような葛藤は一体いつ頃から、どのようにして生じるようになるのだろうか？

赤ちゃんは最初、自分の意志で行為することができない。そのため、欲求は泣き叫ぶことで他人に満たしてもらっている。泣けば母親がやってきて、「眠くなったねえ」とか「暑かったね」などと言いながら、寝かしつけたり、服を着替えさせてくれるだろう。そうやって赤ちゃんは生理的な欲求を満たしながら、同時に原初的な「存在の承認」を感じている。

やがて自分でできることが増えてくると、状況が少し変わってくる。ハイハイから二足歩行もできるようになり、手で物をつかんだり壊したり、次第に身体のコントロールが可能になると、親はそれを見て称賛する。「まあ、こんなことができて偉いねえ」とか「すごーい！」とか、歓喜した表情と称賛の言葉を返され、赤ちゃんは「行為の承認」を喜ぶようになるだろう。

だが一方で、「できなければならない」ことも増えてくる。スプーンを使って食べること、トイレで排泄することなど、いわゆる「しつけ」が始まるからだ。しつけは幼児にとって耐え難い場合もあり、拒否したり、かんしゃくを起こすこともある。それは「あるがままの自分」が否定され、自由と「存在の承認」を要求する抗議のようにさえ見える。一歳半から始まるイヤイヤ期（第一次反抗期）は、幼児のこうした心理と関係しているに違いない。

とはいえ、親の要求に応えるとほめられ、「行為の承認」を得ることができる。そのため次第にイヤイヤ期を脱し、親の要求を受け容れることが多くなる。上手にトイレで排泄すると、「すごーい！」「えらいねえ」と笑顔で言われ、嬉しくなるだろう。できたことが嬉しいし、親が機嫌がよいと自分も心地よい。そのため、この心地よさを求めて、再びチャレンジしたり、親の要求に応えようとしはじめるのである。

また、できることが増えると、自分がパワーアップしたように思えてうれしくなり、行為の内容によってはそれ自体を楽しめるようにもなってくる。それと同時に、様々なことができる自分が意識され、肯定的な自己イメージを持ちやすい。そして「行為の承認」が得られると自分の価値が上がったように感じられるため、ますます親の要求に応えるようになる。

こうして、子供は社会的に価値があるとされる行為の中に喜びを見出し、積極的に取り組むようになっていくのだが、それも親が無理をさせず、上手にほめたり、失敗しても怒らない、といったようなバランスの取れた対応ができればの話である。もし親の要求が強引だったり、子供のしたいことを無視していれば、親の要求する社会的な行為は嫌な義務にしか感じられなくなるだろう。すると、親の承認に不安を感じるようになり、自分のしたいことを無理してがまんするようになる。

自由と「存在の承認」よりも「行為の承認」を優先するようになる、と言ってもいいだろう。その結果、自分が本当にしたいことに対して無意識になりやすいのである。

自己ルールの形成

「行為の承認」に対する欲望は、その行為の反復、習慣化をもたらし、やがてその行為は無意識になる。それは最初、親の要求や期待に応じた行為である。

子供が様々なことをできるようになると、親はそうした能力に応じて、多くの要求や命令、期待をするようになる。「手を洗いなさい」「嘘をつくな」「自分で片付けなさい」「困っている人がいたら助けようね」など……。親は子供の幸せを願い、生きていく上で困らないよう、様々なことができるようになってほしい、そう思って要求し、期待するのである。

子供は最初、親の要求や命令、期待の意図を十分には理解できないが、要求に従い、期待に応えれば、ほめられ、親の笑顔をみることができる。たとえその行為が嫌で、面倒なものであっても、親に従わなければ、親は叱ったり、不機嫌になるため、親の要求は無視できない。つまり、子供は「行為の承認」を確保するために、親の要求に応じた行為をするようになり、その行為は何度も繰り返されるうちに習慣化し、特に意識しなくても行うようになる。

こうした習慣化した行為には、その行為を指示するようなルールが内在化されている。「嘘をついてはだめだ」という親の要求は、「嘘をついてはならない」というルールとして、子供の心に入り込む。嘘をつくと叱られたり、悲しい顔をされるので、「嘘はついてはいけない」と心に誓うかもしれない。あるいは、嘘をつかずに正直に話したことで、許してもらえたり、正直さをほめられて嬉しくなり、「嘘をつかないほうがいい」と感じる場合もある。こうした経験の繰り返しによって、「嘘をつかない」というルールが心の中にできあがるのだ。

誰でも自分なりの行動のルールを持っているものだが、そうした自己ルールには自分で考えて決めたものもあれば、いつの間にか身についているものもある。後者の自己ルールに従う行為が「習慣化した行為」だが、その原型は親の要求や期待にあると言えるだろう(53)。

親の要求などで形成された自己ルールは、成長するに従い、多様な人間関係の中で修正されるのが一般的である。「嘘をついてはいけない」という自己ルールも、小学校に入り、友達同士の秘密ができれば、親に嘘をつく必要が生じたり、先生に正直に話したことで「チクった」と罵られ、非難されたりすれば、見直す必要が生じてくる。また、嘘をつくことで友達を守ることができる、親を悲しませずにすむ、という場合があることを経験すれば、嘘が必要な場合もあるので状況に応じた対応をすべきだ、というふうに自己ルールは修正せざるを得なくなる。

こうした修正を繰り返すことで、親の要求や期待から脱し、自分なりに納得のいく自己ルールを

(53) 親の要求や命令が子供に取り入れられる、という考え方は、晩年のフロイト理論において主張されている。彼はそうした内面から命令してくるものを超自我と呼んでおり、エディプス・コンプレックスの克服によって形成されるものとして捉えているのだ。フロイトの理論は去勢コンプレックスなどの根拠の薄い仮説も含んでいるが、親を怖れ、愛されたいから命令に従うようになり、そのルールを身につける、という考えはこの問題の本質を捉えていると思う。とかくフロイトの無意識論といえば「抑圧された欲望」ばかりが注目されがちだが、彼は「身体化されたルール」の無意識性を深く理解していたのである（G・フロイト「自我とエス」『フロイト著作集6』井村恒郎・小此木啓吾他訳、人文書院、一九七〇年、二六三〜二九九頁を参照）。

作ることができる。多様な人間と関わることで、親の価値観の偏りや過剰な期待から脱け出し、自己ルールはより一般性を帯びたもの、適切なものとなり、自分の納得のいくものとなる。それは自分の意志で行動を決定し、自由に生きていく上で欠かせないことなのである。

適切な自己ルールがあることで、私たちはいちいち考えずともスムーズに、社会に適応した行動を取ることができるし、対人関係においても適切な対応を自然に行うことができる。その行為は長年にわたって繰り返されると、無意識のうちになされるようになり、私たちを生きやすくしてくれるはずだ。しかし、それも自己ルールが自己の欲望を損なわない程度に、適切な一般性を備えている場合に限られる。

もし親が偏見や時代錯誤な価値観を持っていたり、自己中心的で子供より自分の損得を優先する人間であれば、当然、子供に対する要求や期待も偏ったもの、見当違いな歪んだものになり、子供の自己ルールも歪んだものになりやすい。そのため社会的に不適切な言動が多くなり、人間関係にも支障が出るはずである。普通、こうした問題は小学校、中学校で顕在化し、よき友人関係にめぐまれれば修正される可能性もあるが、いじめや無視、といった憂き目にあえば、自己ルールが余計に歪んでしまうかもしれない。

また一方では、自分がしたいと思ったことを否定され、自分の意見は聞いてもらえない、という状況が重なれば、内面において強い葛藤、不安、孤独を抱え込むことになるだろう。歪んだ自己ルールを信じながらも、同時に矛盾した感情を抱き、激しい悩みを抱え込む。そのうち、自分のしたいことをあきらめていると、自分の好きなこと、やりたいことに蓋をする癖がつき、本当の自分が見えなくなってしまう。本当に「したい」ことに気づかず、自己了解ができなくなるのである。

自意識が自由の邪魔をする

思春期になると自意識が強くなり、他人の視線を過剰に気にするようになる。そして相手に同調し、忖度することが増えてくる。たとえ親の教育が適切で、自己ルールが歪んでいなくとも、学校という閉鎖的な場所においては、どうしても同調圧力に屈してしまいやすい。そこで認められなければ居場所を失い、惨めな思いをするかもしれない、という不安があるからだ。それは「行為の承認」を求めるがゆえの行動であり、強い承認不安が根底にある。

自意識が強い人間は、いつも周囲の視線が気になり、自分がどう見られているのか、変じゃないか、笑われていないか、などと考えてしまうため、自分がしたい行動を思うようにできない。自分の決めた行動は批判されないか、失敗しないか、と気にしすぎるため、実行できなくなるのである。自由とは、自分のしたいことができるからこそ感じられるものであり、過剰な自意識からしたいことができなければ、自由を感じることも難しくなる。

人間が自由に生きていくためには、自分のやりたいことを見つけ、それができるようになる必要がある。そのためには、子供の頃から自分の好奇心や関心のあることを大事にし、それを試してみたり、見聞を広めていかなければならない。そうやって、やりたいことを増やしたり、したいと思ったことを掘り下げて考える中で、本当にしたいことを見つけていくのである。

ところが思春期の子供は、自分のしたいこと、好きなことを大事にしたいと思う一方で、学校という閉じられた空間の中で過剰な自意識に悩まされ、したいことが思うようにできなくなる。本来、学校は関心を拡げ、自分のしたいことを見つけ、それができる力を育む場であり、言わば自由に生きるための力を身につけることに存在意義がある。しかし残念ながら、現在の学校はそうした機能をうまく果たせていないことも多く、むしろ同調圧力の強い空間になっているため、自分の「したい」ことより、他人の「したい」ことに合わせてしまいやすい。

この状況が積み重なり、自分の「したい」ことを無理に抑えていると、次第に「したい」ことがわからなくなってくる。他人に合わせることに慣れ、そのほうが楽だと感じるようになり、自分のやりたいことは表に出さない、という行為が習慣化してしまうのだ。そして、そうした対人行動を促す自己ルールができてしまうと、学校を卒業した後もなかなか脱け出せない。

このような状態になった場合でも、信頼できる人間との出会いが、こうした状況を変えてくれることもある。無意識になっている習慣化した行動パターンを指摘され、自己了解が生じれば、自分の「したい」ことを見出し、自己ルールを変えるきっかけになるからだ。ただし、問題が子供の頃からの親子関係にある場合は、歪んだ自己ルールが強固でなかなか修正できないし、そもそも「したい」ことがない、という状態になってしまう可能性もある。

では、そのような状態をもたらす経験とは、具体的にはどのようなものであろうか?

「したい」ことへの没頭

話を幼児期に戻すが、親の共感によって「存在の承認」を得ている子供は、自分という存在に肯定的になり、自分のやりたいことにも積極的になりやすい。親が自分の気持ちを理解し、「あるがままの自分」を受け容れてくれるなら、自分のやりたいようにやって構わないはず、そう思えるからである。

　また、ごく幼い子供にとって、世界は未知な領域で、何が起こるかわからない、どうしていいかわからない、そうした不安に満ちている。そのため、親との愛着関係、信頼関係がどうしても必要になる。愛着のある親への信頼は世界への信頼につながっているからだ。

　親に対する不安は、そのまま世界への不安となり、積極的に関わって行動することに躊躇が生じてしまうだろう。しかし、何が起きても、いざとなれば親のところへ戻れる、という安心感があれば、子供は世界を探索することができる。親の共感、「大丈夫」という雰囲気が、子供を未知の世界へと誘い、冒険する勇気を与えてくれるのだ。

　こうして幼い子供は世界の様々な物に関心を向け、近づき、触り、確かめようとする。そうした行為に親も一緒に関心を向け、共感を示したり、その行為をほめたりすれば、子供の好奇心はくすぐられ、もっと知りたい、もっとやりたい、と思うだろう。「行為の承認」によって「価値あることをしている」という実感が得られ、その行為への欲望が強化されるのだ。

　このようにして、「したい」ことが次第に増え、子供は積極的に世界と関わっていくようになるのだが、注目すべきなのは、子供が関心のあることに積極的に向かうとき、驚くほどその行為に没頭し、まるで周囲の声が聞こえないかのように、一心不乱になる場合があることだ。かなりの集中力で絵を描き続けたり、砂場で穴を掘り続けるなど、夢中になって遊ぶのである。

　それは「したい」ことをやっている自由な時間であり、母親やベテランの保育士など、子供に親身に接している大人は、こうした時間がとても大事なことを経験的に知っているため、それを邪魔しないように気を配る。そして子供がその行為を終えたとき、「がんばったね」とか「すごいね」など、何らかのほめ言葉を口にするだろう。すると子供は、「やってよかった」「またやりたい」と感じるようになる。そして、関心、好奇心の向かうことへ積極的に取り組むようになり、好きなことと、やりたいことを拡げていくのである。

しかし、関心のある行為を行ったとしても、無視されたり、遮られたりすれば、その行為に価値を見出せなくなり、その行為へ向かう気持ちにブレーキがかかってしまうかもしれない。「汚れるからやめなさい」とか、「急いでいるから、もう終わり!」などと言われれば、集中していた注意が逸れ、行為も関心も中途半端に途切れてしまうのだ。

さらによくないのは、その行為に対して批判的な態度を取ることだ。十分な信頼関係ができていれば、「こうしてみたらどう?」という提案は、子供の創造性を豊かにしてくれるかもしれない。しかし、そうした信頼や共感が不十分なまま、「それじゃあ、変だよ」とか「もっと、こうしなきゃだめだ」など、子供の行為を批判したり、作品を否定するような行為ばかりしていると、子供は自分の行為や作品がどう見られているのか、変じゃないか、と過剰に意識するようになり、絶えず他人の視線を気にするようになるだろう。

思春期に自意識が強くなるのは、第二次性徴などで心身の変化が顕著になるため、仕方がない面もあるのだが、幼児期から過剰な自意識に悩まされるのは、かなり問題がある。

私たちは小学校に上がり、思春期になるに従って、社会的に要求されることが多くなり、自由に行動できることが少なくなる。校則が厳しく、できなければならないことも増え、遊びたいけど、勉強しなければならない。クラスには空気を読む暗黙のルールもあり、周囲と意見が違っても自由に言えず、好きじゃなくても話を合わせないといけない。家庭や学校で要求されること、期待されることが急激に増えるため、自分のしたいことをがまんする場面が多くなるのだ。そのうち思春期特有の自意識の強さが加わり、ますます自由な行動ができなくなる。

したがって就学前の幼児期においては、十分にしたいことができる自由が必要である。あまり早い時期から「こうでなければならない」という親の理想や期待を押しつけず、子供の好奇心を大事にし、関心のあることは自由にやらせてあげる。そして、強い関心を抱いて集中している間は、できるだけ自由にさせておく。それが後年、自意識に過度にとらわれず、自分のやりたいことを見出し、自由に試みる力になるのである。

自意識の消失とフロー体験

幼児の遊びへの没頭は、まだ他者の視線をあまり気にしない、つまり見られている自分を意識していない状態であり、ほとんど無意識に身体を動かしている。このように何かに没頭し、集中した状態が大人にもあることは、もちろん誰もが知っているだろう。習慣化された無意識の行為が生活をスムーズにしてくれるように、没頭して行為しているような体験もまた、われを忘れてほとんど無意識で行われており、それが行為の効率をよくしている。

心理学者のチクセントミハイは、このような体験をフロー体験と呼んでいる。それは目標に向かって注意が集中し、流れるようにスムーズに行為が行われている状態であり、目標へとどんどん進む感覚に、心は高揚し、楽しさ、心地よさが生じてくる。

運動選手は深い集中の中で身体が自由に動き、目標としたことがクリアできるとき、「ゾーンに入った」などと表現するが、これもフロー体験の一種である。画家が驚くほど集中して絵を描いているとき、音楽家が想像以上に身体がスムーズに動き、優れた演奏ができたとき、彼らはそれを恍惚状態にあった、と言うかもしれない。将棋やチェスにおいても、プロの世界ではこうしたフロー体験はしばしば起きるようである。もちろん、私たちの日常における様々な仕事や遊び、趣味の領域においても、好きなことをしているときには同様なことがたくさん生じている。

それは、不安や退屈に満ちた日常において、一瞬の輝きを放つ喜びに満ちた瞬間であり、幸せを感じさせる体験と言える。われを忘れて没頭する時間はとても貴重なものであり、他者が自分をどう見ているのか、考えないですむからこそ、「楽しい」という感触を得ることができる。それは日常の中に喜びをもたらし、日々の生活を意味あるものとして彩ってくれるだろう。

こうした対象に没入した体験はマスローが至高体験と呼んだものに近いのだが、マスローもまた、「至高経験における知覚は、相対的にみて、自我を超越し、自己を忘却し、没我的、非利己的でありうる」と述べている。[54] そして、至高体験の多い人ほど、人生に満足している、という調査報告もしているのだ。また、「私」と「対象」の区別がなくなる体験、という意味では、西田幾多郎が純粋経験と呼んだ体験にも通じている。

だが、過剰な自意識はフロー体験への集中を妨げ、その喜びを奪い、不安に満ちた生活を作り出してしまう。幼児の没頭体験を邪魔するのも自意識であり、チクセントミハイによれば「すべての子供たちは自意識が妨害し始めるまで、完全な忘我と没入によって自発的に活動する」。[55] では、幼児の没頭体験を自意識が邪魔するようになるのは、一体なぜだろうか？

遊びへの没頭を親に邪魔されたり、自由な行為が否定され、親の望む行為をした時にだけ称賛されている幼児は、自分の自発的な行為に自信が持てなくなり、いつも他人にどう見られているのかを気にするようになって、承認不安が高く、自意識過剰になりやすい。親が子供の自由を認めていたとしても、思春期に学校で自由な意見や行為を咎められたり、同調を求められる機会が多ければ、やはり承認不安、自意識は強くなるだろう。

ここで疑問を抱く人もいるかもしれない。私は先に自己への気づき、自己の内省の重要性を主張したが、自己を意識することが必要なはずなのに、今度はあまり自己を意識するのはよくないと述べている。では一体、どっちが正しいのか、混乱した人もいるのではないだろうか。

繰り返すが、他者の視点から自己を意識し、内省すること自体は、やはりとても大事なことだと言える。それは自らの感情に気づき、自己ルールを修正する上でも欠かせない。納得のいく判断をするためには、そして自由に行為を選択するためには、自己了解によって自らの気持ちを知らなければならない。無意識を確信する経験も、結局は自己了解をもたらし、自由に生きるために不可欠なものである。

しかし、こうした自己への気づきや内省は、何か大事な行為に集中しているときではなく、そうした行為の後や、もっと別なときに必要なことであり、行為に没頭している最中では、自己ではなく対象に注意を集中しなければならない。そうでなければ、その行為をスムーズに遂行することはできないし、むしろ焦りが生じ、行為は乱れてしまうだけだろう。

そもそも過剰な自意識においては、自己に意識が向くと言っても、他者から自分がどう見られて

(54) A・マスロー『創造的人間』佐藤三郎・佐藤全弘訳、誠信書房、一九七二年、八二〜八三頁

(55) M・チクセントミハイ『フロー体験　喜びの現象学』今村浩明訳、世界思想社、一九九六年、二八六頁

いるのか、という他人の視線ばかりが意識されているのであり、自分の感情に目が向けられているのではなく、他人の目から見た自分にばかり注意が向けられている。それゆえ、自己の内面に気づく自己了解にはつながらない。ただ外面ばかりを気にして、表面を取り繕うことばかりが頭をよぎるのである。

したがって同じ自己への意識でも、自己の外面に意識が集中する過剰な自意識は、自己の内面に意識を向ける自己了解とは異なるものだと言える。対人関係を配慮する上で、自分がどう見られているのか、という外面に対する配慮も必要な面はあるだろう。しかし過度に気にしすぎれば、自分の本当の気持ちを隠し、次第に内面が見えなくなる。つまり、過剰な自意識は自己了解を妨げるのである。

無意識の必要性

この章では、無意識の行為がいかにして生じるのか、習慣化した行為、自己ルールの形成プロセスを考察することで、その発生について考えてきた。

私たちが無意識に気づく経験は多様であり、無意識のうちにやっていた、と軽く感じただけで新たな自己理解は生じない場合と、自分の欲望や不安に気づき、新たな自己理解に達する場合に分けることができる。

行動がスムーズに行われたり、集中してできた場合には、うまくいった、楽しかった、と感じることはあっても、違和感がないため、自己を見直すことにはつながらない。たとえば、スポーツで反射的に身体が動いたり、仕事で熟練した動きで作業をこなすなど、同じ運動を繰り返すことで身につけた行為は、日々の生活に役立ち、楽にしてくれるため、無意識にやっていたと自覚しても、深く自己を見直したり、新たな自己理解にいたることはない。

　これはフロー体験も同じで、無意識のうちに楽しんでいる自分に気づいても、だからといって自己への理解が変わるわけではない。そもそも無意識として気づくこと自体少ないはずであり、あまり無意識な面に注意が向けられない。その上、こうした無意識の行為は生活を豊かにし、楽しみを得る上でとても重要な役割を果たしている。

　一方、思ってもみなかった欲望や不安に気づき、その自己了解が自己像の刷新、新たな自己理解に達するような無意識を確信する経験は、感情やイメージ、自律神経反応、他者の指摘など、様々な契機によって生じ得る。だが、その無意識の理解は必ずしも正しいとは限らない。感情から生じる無意識の確信に間違いは生じないとしても、自律神経による身体反応から生じる無意識の確信の場合、本当に体調が悪い場合もあるかもしれない。夢や白昼夢などの表象から生じる無意識の確信においても、恣意的な解釈になりやすい面がある。

　一番問題なのは、習慣化した行為における無意識であり、それも運動の反復などではなく、ある状況に置かれると繰り返してしまう行為の場合である。これは過去の経験に起因する不安や欲望が関わっている可能性が高いため、その行為が無意識だと気づいても、その理由は即座にはわからない。特にパターン化した対人行動は、葛藤を含んでいることが多いため、無意識になりやすい。だからこそ、この行動パターンの形成過程について考察する必要があったのだ。

　人間はある行動によって欲望が充足されたとき、あるいは不安な対象を回避することができたとき、その行動を繰り返そうとする。そしてまた同じ結果が得られれば、その行動は強化され、学習されて身につくに違いない。すると、次第にその行動は意識しなくても行われるようになり、その理由については自覚されなくなる。こうして、特定の行動を促す無意識の自己ルールが形成されることになる。

この場合、重要になるのは人間の承認欲求である。特に幼児期における親の承認は、自己ルールの形成に重要な役割を果たしている。子供は親に愛され、認められたいからこそ、親の要求や期待に応えるような行動を優先し、親に嫌われない行動を繰り返すようになる。そうした行動がやがて親以外の人間にも適用されるようになり、他人に承認される行動パターンとして習慣化し、無意識のうちにその行動を取るようになるのだ。

このような対人行動パターン、自己ルールが適切なものであれば、対人不安を払拭し、対人行動の基本戦略として大変役に立つだろう。しかし、親や周囲の人間による「行為の承認」（評価）が不適切なものであったり、「存在の承認」が希薄だった場合には、自己ルールは歪み、強い対人不安から強迫的な行動パターンを形成してしまうかもしれない。それは習慣化された無意識の行為となり、苦しみをもたらす可能性が高いのである。

この苦しみの理由を知るためには、その行動パターンはいつ頃から、どのような状況のときに繰り返してきたのか、過去の出来事を内省し、分析してみる必要がある。そうした分析のためにこそ、この章で述べてきたような、無意識の行為の形成過程を考える必要があったのだ。そしていまや、無意識の行為は生活に役立つ場合がかなり多いのだが、生活に支障をきたし、問題を惹き起こす場合も少なくない、ということが見えてきた。

私たちの日常の多くは無意識の行為に支えられている。それは必要以上の心配、焦燥を取り除き、平穏な日々を作り上げている。だからこそ、必要に応じて注意を集中できるのだ。そして、集中して物事に取り組む場合にも、自己を意識しないからこそうまくいくのであり、それはときとしてフロー体験と呼べるような、成功、喜びをもたらしてくれる。無意識は私たちの生活における行為をスムーズにし、より安心できるものにするだけでなく、対人不安による自意識から解放し、大きな喜び、幸せを感じさせてくれるのだ。

しかし、行為の無意識化が悪循環を招く場合も少なくない。それは強い不安やトラウマ的な出来事が原因で、不適切な行為が習慣化し、歪んだ自己ルールになるからだ。特に幼児期の親子関係や学校での対人関係における承認不安から生じた自己ルールの歪みは、対人関係の齟齬や苦悩、心理的疲労、自己不全感をもたらし、なかなか意識化することが難しい。それは日常生活に支障をきたし、心の病に至ることさえあるだろう。

次章では、こうした無意識のもたらす苦悩と心の病について考察することで、不安の生み出す無意識の行為の問題点を明確にしていくことにしよう。

5章　不安の生み出す無意識の行為——精神病理から考える

無意識を生む不安

習慣化された無意識の行為が対人関係の齟齬を生み、日常生活に支障をきたすほどの苦しみに至るとき、その根底に強い不安があることは間違いない。なぜなら、不安とは危険を避けるための信号であり、この無意識の行為は不安の示す危険を避けるための行為であるからだ[56]。

不安は対象となる危険の種類によって、「身体不安」「関係不安」「承認不安」の三つに分けることができる。

「身体不安」は病気や事故、老いなど、身体の危機的状況に対する不安であり、死を避け、生命を維持する上で不可欠な危険信号と言える。この不安が信号（警告）の役割を果たすからこそ、危険

(56)　本書では「無意識」の本質を現象学の思考法である本質観取によって考察してきたが、ここで論じる「不安」も本質観取によって考察したものであることを付記しておきたい。

な行為、状況を極力避けることができるのだ。「関係不安」は人間関係に対する不安であり、離婚、絶交、死別、卒業、転勤など、家族や恋人、友人の愛や信頼、そして交流そのものを失う不安が中心で、職場や学校、サークル、近所づきあいなど、所属集団の人間関係が悪化することへの不安も含まれる。そして「承認不安」は自己の存在価値を認められなくなることへの不安であり、自分の行為や作品への評価や、気持ちや意見が受け容れられないことへの不安である。

こうした不安が生じると、私たちはその不安が指し示す危険を避けるために、なんらかの行動を起こす。それは、よくよく考えた上で行動する場合もあるが、あまり考えず、無意識のうちに行動している場合も少なくない。

怪しい人物に出会って身の危険を感じれば、ほとんどの人は逃げ出すし、病気の不安を感じれば、煙草や酒を控えたり、食事を改善するだろう。これらは身体不安によって、身体の危険を避けるための行為だと言える。また、好きな人に嫌われる不安があれば、相手のために尽くしたり、機嫌を取ろうとするかもしれない。学校や職場で批判されたり、立場が悪くなる怖れがあれば、仕事や役割を懸命にこなしたり、周囲に同調したり、気を遣う場合もあるはずだ。それは、周囲の人たちに認められたい、嫌われたくない、という承認不安が生み出す行為なのである。

このように、不安は危険を避けるために、そして不安そのものを解消するために、ある行動を促している。心のどこかで、そうした行動をしなければならない、と感じられている。

相手の言動が不適切だと感じても、その相手と揉め事になることに不安があれば、「がまんせねばならない」と感じられ、そのように行動するだろう。体調が悪くて会社を早退したくとも、同僚や上司に悪い印象を与えてしまう不安があれば、「帰るわけにはいかない」「仕事しなければ……」

と考えて行動するかもしれない。

こうした不安による危険回避の行動は、合理的で納得できるものであれば、私たちは何のためらいもなく遂行するだろう。事故の危険性がある場所を前にして不安を抱き、「近づいてはならない」と感じて行動することに、疑問の余地がないのは当然である。また、友人が困っているとき、「助けなければ」と感じ、実際に助けようとするのは、友人への思い遣りもあるが、一方で「嫌われたくない」という不安もあるかもしれない。この場合の行動も、自分の思いに自覚的であれば十分に納得できる。

しかし、不安によって生じる行動は、必ずしも納得した上で遂行しているものばかりではない。なぜだかわからないが、不安を感じるとついそうしてしまう、という無意識の行為もあるのだ。たとえば、不安があるとついやってしまう癖、ジンクスなどの行為は、危険を回避できるわけでもないし、一見、何の合理性もない。ただ、それをやると不安が消え、落ち着く、という意味では、必要なものだと納得できる。なぜ不安が解消されるのかはわからないし、その意味では習慣化された無意識の行為と言えるが、不安が解消される以上、合理性はあるのだ。

だが不安から生じる無意識の行為の中には、不安が消えるわけでもなく、合理性も乏しいのに、どうしてもそうせざるを得ない行為というものもある。

相手に対して必要以上に警戒してしまい、打ち解けようとしないため、とっつきにくい、慇懃無礼な態度と見られ、なかなか友だちができないとしよう。本当はそんな態度を取るつもりはなく、仲良くしたい、友だちになりたい、という思いはあるのだが、いつもそうしたふるまいを繰り返し、うまくいかないのである。これは習慣化された無意識の行為であり、根底には不安があるのだが、その行為で不安が解消されるわけでもなく、友だちができるわけでもなく、合理性に乏しい行動と言える。むしろ相手に避けられたり、状況を悪化させている。

では、こうした無意識の行為が繰り返されるのは、一体なぜなのだろうか？

不安による自己ルールの歪み

前章で述べたように、習慣化した行動パターンは過去の経験から形成された自己ルールに基づいている。それは過去において欲望が満たされた経験、不安が避けられた経験が土台となり、同じような状況が繰り返された結果でもある。

過去に何らかの危険を経験し、強い不安を感じた場合、この不安は危険を回避するように促し、それによって危険回避の行動が取られると、そうした行動はその後も繰り返されるだろう。それが一定の効力を持った場合にはその行動が強化され、その後、似たような危険に直面する度に、その行動を「しなければならない」と感じてしまうのだ。しかし、そうした行為の反復が無意識的な強迫性を帯び、病的な行為に至ることも少なくない。

先の慇懃無礼な態度になりやすい人の例では、過去の対人関係において、失敗した可能性がある。たとえば誰かに打ち解けようとして、なれなれしい、失礼だと言われたのかもしれない。また、そのことを親にひどく叱られ、非常識と罵られたとすれば、自信を失い、自己否定的になり、失敗への恐怖が強くなるだろう。その時の失敗がショックで、他人に対しては必要以上に警戒し、失敗しないように、失礼がないように、過度に慇懃な態度になってしまい、自信がないので打ち解けた会話、表情もできなくなるのだ。

そこには「相手になれなれしくしないように、気をつけなければならない」という自己ルールが形成されている。このルールはビジネスシーンでは常識でもあり、それほど歪んだものとは言えないのだが、彼の場合、強い不安がベースにあるために自覚されず、打ち解けて話したほうがよい場面でも無意識のうちにこの自己ルールに従ってしまい、柔軟に対応することができない。そのため、いつまでたっても親しくなれないのである。

自己ルールは危険な状況に対処するために、誰もが経験から身につけている。危険な状況を回避するために「～すべきだ」「～しなければならない」というような行動のルールが形成されるのだ。それは多くの場合、様々な危険や困った状況に対して、すみやかに対処し、ことなきを得ることを可能にしてくれる。不安という危険な状況への信号を合図に、自己ルールに基づく行為が無意識のうちに発動され、身体的な危険や人間関係における危機から身を守っているのである。

勉強や礼儀、集団行動、道徳意識など、基本的な生活習慣をはじめ、親がほめたり叱ったりすることで、適切に身につけるべき自己ルールは少なくない。それは最初、親に認められたい、嫌われたくない、といった動機に基づいているのだが、やがてそうした行為の価値、大切さを理解できるようになると、自分でも納得のいくルール、行為となり、生きていく上でとても有効な行動規範となるだろう。こうして、自己ルールは親の承認を維持するためだけでなく、周囲の人や社会の承認を維持する行動、ルールとなって、豊かな人間関係を築く基礎となる。

しかし、自己ルールは必ずしも適切な対処をもたらすとはかぎらない。何らかの事情によって、歪んだ自己ルールが形成され、誤った行動、問題の多い行動をしてしまう、という場合もある。当然ながら、こうした行為をしても適切な危険の対処はできないし、先の事例のように、事態を悪化させてしまうこともあるだろう。だが、それがどんなに不合理な自己ルールで弊害が多いとしても、日常的に繰り返されていると、もともとの動機に対して無意識となり、あたり前のように感じられてしまうものである。

幼児期の親子関係

自己ルールの原型が幼児期の親子関係から形成されることは、すでに述べたとおりだ。子供にとって親に愛され、認められることは何よりも重要な問題であり、そのためには、親の要求、命令、期待は決して無視できない。当然、そうした親の「〜してほしい」という期待や「〜しなければならない」という要求は、行動の規範として内在化され、自己ルールを形成する。

したがって、幼児期における自己ルールの形成に対する親の影響は絶大であり、親の要求が不適切なものであれば、それによって形成される自己ルールは歪み、しかも幼いほど行動の意味を公平に吟味する力もないため、その自己ルールによる行為の動機は、長い年月のうちに無意識となる。

自分を過信している親が子供に自分の考えを押し付け、必要以上のプレッシャーをかけていたとしよう。しかも自分に従えば上機嫌で賞賛するのに、少しでも反論したり、従わなければ不機嫌になり、叱っていたとする。そのような対応を日常的に繰り返されると、子供は親に認められるために服従せざるを得なくなる。そのため、親の偏った思考、価値観に従って行動することが習慣となり、歪んだ自己ルールを身につけてしまう。そして、親に対してだけでなく、親しくなった他人との間でも、不安が高じると同じような行動をとるようになるのだ。

このように、親の要求や期待が偏っていればいるほど、またその要求の仕方が歪んでいて、怒りなどの激しい感情を含んでいるほど、自己ルールの歪みは大きくなる。

さらにまずいのは、親が偏った思考、価値観の持ち主というより、単に自己中心的で気分のままに命令を繰り返し、ときには暴力をふるう場合である。気分次第で、子供に無茶な要求や命令を繰り返し、従わなければ怒りの形相で叱責し、何日も無視したり、暴力をふるうことも少なくない。そんな親と暮らしていれば、自信が持てず、自己ルールにも確信が持てなくなり、相手の要求にふりまわされ、絶えず不安と葛藤を抱えることになるだろう。

たとえば、虐待を受けていれば自己評価が低くなり、他人に対して過剰に尽くそうとするかもしれない。幼少期に愛と「存在の承認」を得ることができず、極度に自己評価が低くなっているため、「ありのままの自分」では受け容れられない、相手に尽くしていなければ認められない、と感じられ、歪んだ形で「行為の承認」を得ようとし続けるのだ。しかもそれは、単に承認への不安だけでなく、暴力への恐怖、見捨てられることへの恐怖が根底にあるため、そうする以外に道がない。

このように、子供は親の愛と承認への不安を解消するために、親の要求を受け容れ、期待どおりに行動してしまいやすい。それが何度も繰り返されるうちに自己ルールが形成され、その行動は愛と承認の不安を回避する常套手段となるだろう。

こうした幼児期に親の影響で形成された自己ルールは、成長過程で再検討され、より適切なものへと修正されることが多い。身体的な不安に関わる自己ルールはそれほど変わらないのだが、承認不安や関係不安に関わる自己ルールは、様々な対人関係の中で、誰にでも通用するような行動、価値観に触れると、より一般性のあるものへ修正されるのだ。

学校の教室やその他の場所で多様な人々と交流していると、自分の親の要求が理不尽だと気づいたり、自分の家のルールがよその家と違うことに違和感を抱いたり、親子関係のあり方の多様性を知るなど、多くのことに気づかされる。すると、自分の考えや行動を見直すようになり、自己ルールをその都度修正することになる。それは社会の中で生きていく上で、不可欠な過程なのである。

親の要求や期待が他人と多少異なっていても、社会一般の価値観と概ね合致し、妥当なものであるかぎり、また親が子供のことを真剣に思いやり、自分の考えにも柔軟性を持っている限り、この修正はスムーズに進展する。しかし、親の要求があまりに偏っていたり、過剰な期待がある場合には、子供は過酷で歪んだ自己ルールを背負わされ、期待に沿った成功を収めないかぎり、絶えず罪悪感と自己嫌悪に悩まされるようになる。しかも自己ルールを修正していくだけの自信も培われず、歪んだ行動からなかなか脱け出せない。

こうして、長年にわたる歪んだ行動が習慣化すると、背後にある自己ルールに対しても無意識となり、過去の出来事や親子関係との関連を意識することもなくなってくる。そのため、自分では変えようがない現実として感じられ、苦悩に耐える日々が続くようになる。それは後年、心の病につながる可能性もあるのだ。

無意識の精神病理

さて、ここからは少し、無意識と心の病の関係について考えてみることにしよう。

私たちは不安を「危険を回避する行動を促す信号」とみなし、不安から生じる行動が日常的に繰り返されると、自己ルールが形成される、と考えてきた。自己ルールは欲望の充足から形成される場合も多いのだが、強い不安、特に承認への不安から形成される自己ルールは、強固で歪んだものになりやすく、それにともなう行動は心の病の症状と見なされることが多い。

フロイトは神経症の症状を不安への防衛機制として説明しているが、それは不安と心の病の本質を捉えた卓見である。彼の考えでは、「不安は危険な状態への反応として起こり、そういう状態に、ふたたびおかれると、きまって再生される[57]」のであり、「症状は不安の発展をさけるためにつくられるのだといえるが、それでは深く考察したことにならない。むしろ、不安の発生が合図となった危険状況をさけるために症状がつくられる、といったほうが正しい[58]」。

このフロイトの考えは神経症に限らず、多くの心の病にも適用することができる。おそらく、人間の精神病理のかなりの部分が「不安への反応」として捉えられるはずであり、その意味を当人は自覚しておらず、無意識である点に問題がある。

以下、代表的な精神疾患について、いくつか例を挙げて考察してみたいと思う。

たとえば、小学校で「汚い」と罵られ、仲間はずれにされていれば、同級生に軽蔑される不安を避けるために、自分の汚れが過剰に意識され、何度も何度も手を洗うようになるだろう。それが日常的に繰り返されると、ほんのわずか何かに触れただけでも、汚れたような気がして不安になり、即座に手を洗う習慣が身につくに違いない。ときには何十分も、そしてつい先ほど洗ったばかりでも、強迫的に手洗いを繰り返してしまうのだ。

(57)　G・フロイト「制止、症状、不安」(『フロイト著作集6』井村恒郎・小此木啓吾他訳、人文書院、一九七〇年、三五一頁)

(58)　同前、三四八頁

これは強迫性障害の例だが、汚れへの不安から、汚れる危険を回避するための手洗いという行為が習慣化しており、「汚れは完全に除去しなければならない」という歪んだ自己ルールがある、と考えることができる。本人もそれが馬鹿げた行為だとわかっているが、そうしなければ不安が解消されないし、なぜそうしてしまうのかもわからない。その理由が過去の経験にあるとしても、それは無意識となっているのである。

また、容姿のことでいつも侮辱を受けていれば、醜ければ誰からも相手にされなくなる、という不安を生み、「きれいであらねばならない」とか「やせなければならない」といった自己ルールが形成される。それは自意識が過大になるほど病的になる。他人の視線が気になり、見られることへの恐怖が大きくなれば、視線恐怖症になるかもしれないし、自分の顔や姿を醜いと感じ、他人に不快感を与えていると感じ始めれば、醜形恐怖という心の病になってしまうのだ。さらには、整形や過激なダイエットを必要以上に繰り返し、拒食症になる可能性もあるだろう。

対人恐怖、社会不安障害についても同じことが言える。

周囲から非難や軽蔑、不当な扱いを受けていれば、周囲の批判を怖れるようになり、学校や職場に出かけることができなくなる。他人と接すれば必ず失敗する、恥をかく、という不安、恐怖があるからだ。そのため、人と会うのが怖くなり、「他人と接するのを避けねばならない」という自己ルールが形成され、家に引きこもってしまう。それは、学校や職場を変えて周囲からの批判がなくなるとしても、簡単には変わらない。過度の承認不安から生じた自己ルールは強固であり、その修正は容易ではないのである。

自己ルールと性格の歪み

自己ルールが定着し、長年にわたって行動パターンを繰り返していると、それは周囲からその人の考え、性質と見られるようになり、さらには人間性を示す重要な指標とみなされ、性格として捉えられるようになるだろう。

たとえば、歪んだ親子関係において、強い承認不安を回避するために、親に従順で同調ばかりしていると、その自己ルールは他の人間関係にも適用され、従順で同調的な性格とみなされる。また、親に必要以上に甘やかされ、何でも許されていれば、何もしなくとも、わがままをしても、他人は自分を許すべきだ、と考えるようになり、そうした自己ルールによって、横柄で非協調的な性格になるかもしれない。

自己ルールの歪みは性格の歪みとして捉えられるのであり、それが繰り返し人間関係の軋轢や亀裂、過度の苦しみをもたらす場合には、心の病とみなされる。現在の精神医学の診断基準では「パーソナリティ障害」と呼ばれることも多いだろう。それは、歪んだ自己ルール、誤った信念、不合理な行動パターン、感情の制御不全を特徴とし、その特異な行動様式から周囲とのトラブルが絶えず、対人関係、社会生活において大きな支障をきたしている病である。

パーソナリティ障害には、独自な行為を生み出す中核的な信念の違いによって、いくつかの種類に分けられる。他人との関わりを極度に避ける回避性パーソナリティ障害では、他人に評価されることへの強い不安がある。他人に自分をよく見せようとする演技性パーソナリティ障害の場合も、過剰な承認不安があり、必要以上に好かれるためのパフォーマンスを繰り返す。また、自己愛性パーソナリティ障害では、「自分は高く評価されるべきだ」と思い込み、尊大にふるまうことで、承認不安を打ち消している。

これらは一見、まったく異なる病に見えるが、背後に強い不安があると考えれば、不安を避けようとする心こそ、一見すると不合理とも思えるような、偏った言動を惹き起こしていることがわかる。どのパーソナリティ障害も強い不安、特に承認不安が中心にあり、それを回避するための行為が習慣化し、そうした自己ルールに基づく行為を特徴とする性格を形成しているのである。[59]

性格とは、その人に固有の考え方やふるまい、行動パターンを言い表したものであり、それは社会的常識を大きく逸脱しなければ、ただ個性と呼ばれるにすぎない。しかし、強い不安を回避するために、極端に偏った自己ルールが形成されてしまえば、常に問題行動や対人関係の齟齬を惹き起こし、病的な性格と見られるようになるだろう。自己中心的な言動、過度に自分を目立たせる行為、反社会的な行動、妄想的で疑い深い性格など、周囲の人々を悩ませ、人間関係を混乱させる言動は、本人にも周囲の人間にも苦しみをもたらすのである。

うつ病の場合も、症状としては不安よりも絶望が中心のように見えるが、やはり不安への防衛反応が顕著であり、それはうつ病者の性格に反映されている。

うつ病になりやすい人は、秩序正しく几帳面で、仕事についても勤勉で責任感が強く、他者に対しても気遣いができるタイプが多い、という研究報告がある。テレンバッハはこのような性格を「メランコリー親和型」と呼んでいる。[60] このような性格は一般的に「まじめ」「働き者」「気遣いのできる人」として高く評価されるため、周囲の人からはあまり問題があるようには見えないことが多い。しかし、こうした性格ゆえに、残業や休日出勤を際限なく繰り返すため、次第に疲弊し、仕事の精度も落ちてくる。周囲にも過剰に気を配り、罪悪感を抱き、気の休まる暇がない。そのため、精神的、肉体的疲労はピークに達し、「もうだめだ」「すべておわりだ」という気分に襲われる。こうして、うつ病を発症するのである。

では、なぜ病気になるほどまでに、がんばり続けてしまうのだろうか？

多くの人は他人に認められるために、がんばらねばならない、周囲を気遣わねばならない、という自己ルールを持っているものであり、その基盤は家庭や学校の人間関係の中で培われる。しかし、子供の勉強や将来の仕事について過度に高い期待を持ち、子供が期待に沿わなければ不機嫌になり、叱責したり、失望を顕わにする親だったとしたら、子供は親の承認を得るために、いつも「まだ努力が足りない」「もっとがんばらねば」と強迫的に感じるようになるだろう。それが長年にわたって繰り返されると、過度に厳しい自己ルールを形成し、あらゆる人間関係に適用されるようになる。大人になってからも、周囲の承認を得るためにがんばり続け、やがて過労と気疲れによって限界に達し、意欲の減退、絶望感、不眠など、抑うつの症状が出はじめるのである。

（59）ただ、パーソナリティ障害の多くを占める境界性パーソナリティ障害では、不安定な感情と行動、見捨てられることへの強烈な不安があり、特定の思考や行動パターンがないので、歪んだ自己ルールを想定することが難しい。また、自分の感情と他者の感情を混同し、ある人が憎ければ、自分がその人に憎まれていると感じる、といった特質もある。これらは「分裂」や「投影」といった原始的な防衛機制として説明されることが多いため、自己ルールだけで説明することはできない。しかし、承認不安への防衛反応が見られる点では同じである。

（60）H・テレンバッハ『メランコリー』木村敏訳、みすず書房、一九七八年もちろん親子関係だけがうつ病の原因ではないし、学校での歪な人間関係がこうした性格を形成するかもしれない。親子関係が良好で性格に問題がないとしても、職場での劣悪な労働環境から一時的に追い詰められる場合もあるだろう。[61] いずれにせよ、周囲への承認不安によって無理を重ね、それが自己ルールとなるほど習慣化すれば、やがて限界に達し、抑うつ状態に陥る可能性が高いのである。

不安が不安を生む心のしくみ

私たちは不安という危険への信号を合図に、危険な状況を避けるための身体反応や行動が生じることを見てきたが、それはただちに危険を回避する行為をもたらすとはかぎらない。なぜなら、不安は感情の混乱をもたらし、パニックになったり、ますます不安が大きくなり、収拾がつかなくなる場合も多いからだ。それは不安が大きすぎるからだが、それだけでなく、不安そのものへのおそれが生じるためでもある。

不安は本来、危険な状況、都合の悪い状況を告げ知らせてくれる、有効な信号であるはずだ。ところが不安はあまりに不快な感情であるため、危険よりも不安を排除したいという気持ちが働くことも多い。そもそも避けようのない危険であったり、大した危険でもないのに、不安だけが大きい場合には、不安はむしろ邪魔な感情として感じられ、不安さえなければ大丈夫、と思えるのも無理はない。

そこで私たちは、心配ないと自分に言い聞かせたり、ざわめく心を落ち着かせようとする。神仏に祈ったり、ジンクスを信じることで、不安を排除しようとすることもある。だが、それがうまくいかない場合、いつも不安に悩まされるようになるだろう。そして、不安の排除がうまくいかないのは、不安な感情を意識しすぎることで、不安が増幅するからでもある。なぜなら、そこには〝不安になっている自己〟への自覚がともなっているからだ。

不安になっている自分を認めることは、自分の弱さや未熟さを認めることだと感じられ、強い劣等感を惹き起こす。自己の存在価値に対する不安が大きい人間ほど、この傾向は強いだろう。不安の大きい人間は、自分に自信がなく、将来の選択や人間関係を怖がっている。度胸がなく、主体的に行動する勇気もなく、人間の器が小さい。頼りにならないし、情けない。そんなイメージを抱きやすい。そのため、最初に生じた危険への不安とは別に、不安になっている自分に対しても不安になる。自分の存在価値への不安、承認不安が新たに生じ、不安全体が大きくなってしまうのだ。

これは「不安に対する不安」が生じているのであり、ある不安が生じると、不安な自己をも自覚しなければならなくなり、その不安な自己が他者の批判や軽蔑、自己価値の低下を予感させて、ますます不安になる。その一方で、不安な自分を自覚したくないため、不安を否定したり、不安な自分から目を逸らそうとする。そのため不安の理由ははっきりせず、無意識となる。自己の存在価値への不安は自覚されないため、些細なことなのになぜ不安になるのかわからないまま、どんどん不

(61)　また、近年、うつ病になりやすい人の性格が変わってきたと言われており、「新型うつ」などの言葉も使われるようになった。うつ病になる人は、かつてほど生真面目なメランコリー親和型の人ばかりではなくなったのだ。もともと社会秩序を重視した行為は、周囲の承認を得るための行為であり、承認不安に対する防衛反応なのだが、社会秩序がゆらぎ、価値観が多様化している現代では、こうした防衛戦略も難しいのかもしれない。

不安から生じる反応

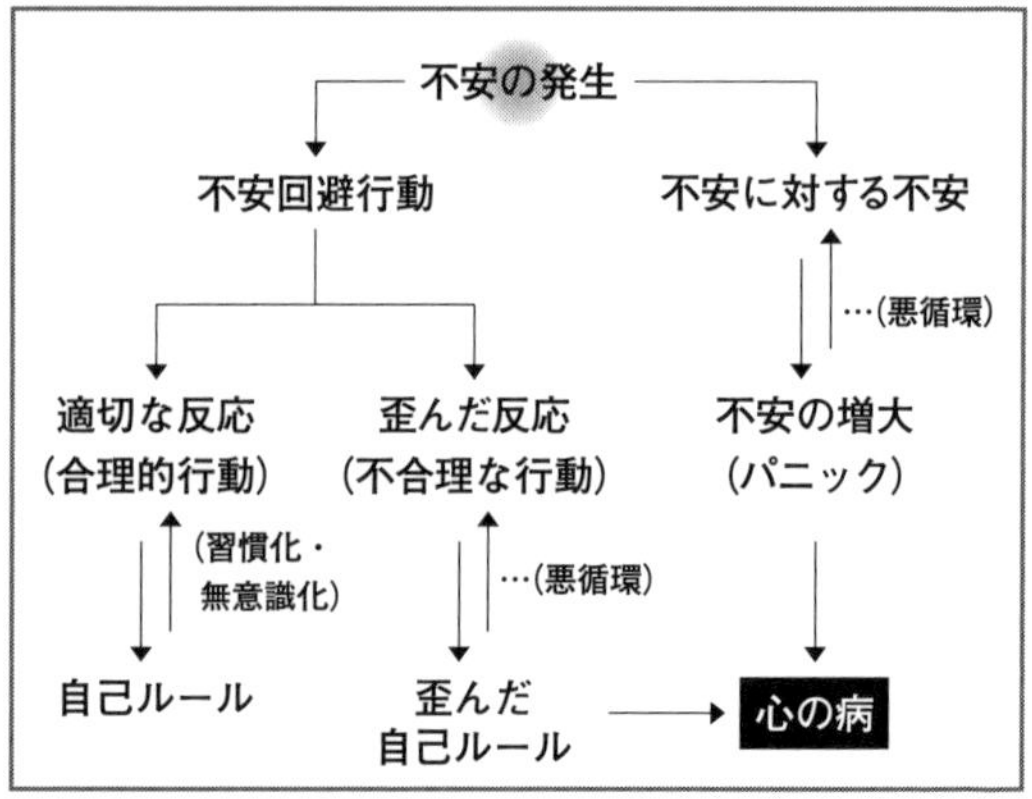

安だけが気になっていくのである。

こうして、不安はさらなる不安を呼び、不安が大きくなればなるほど、冷静さは失われ、呼吸の乱れや発汗が生じ、適切な行動もできなくなる。ちょっとしたことで不安になり、慢性的な不安につきまとわれるようになったり、パニックに陥る場合もあるだろう。日常のちょっとしたことに根拠もなく不安を抱き、常に不安に悩まされ続けるような病は、不安になること自体が不安を増幅させているに違いない。

こうした不安障害はかつて不安神経症と呼ばれていたが、フランクルもこれを「不安に対する不安」が原因だと述べている。

たとえば、生まれつき神経が不安定で汗をかきやすい人は、少し緊張する場面で汗をかきはじめる。そして汗をかいていることに気づいて注意が向けられると、今度は「また汗が出るのではないか」と心配するようになり、そう考えただけで汗が出てしまう。「要するに或る症状、具体的な例では発汗が汗に対する恐れを生むと、ついでこの恐れ、期待不安、すなわち症状に対する不安な期待がまさにこの症状をいよいよ固める」[62]というわけだ。不安神経症においては、汗に対する不安というより、不安そのものへの不安が悪循環を生んでいる。

同じようなことを、森田療法で有名な森田正馬は「精神交互作用」と呼んでいる。それは、ある感覚に注意を集中すれば、その感覚は鋭敏になり、ますます強くなる、という精神の作用であり、彼はそれを神経質（おもに不安障害）の基本原理だと考えていた。不安から逃れようともがけばもがくほど、不安を絶えず気にしてしまい、むしろ不安が大きくなるのである(63)。

このように、不安そのものが危険な状態とみなされ、そこから逃れようとして、考えまい、忘れようと努力することは、不安への防衛反応と言える。結局のところ、不安が前面に出るパニック障害や全般性不安障害のような心の病もまた、不安を中核とする防衛反応を本質としている点では、多くの心の病と変わらないのかもしれない。

人は誰でも危険な状況に対して不安を感じ、その危険を避けようと対処行動を取るものだ。しかし、その不安が大きければ誤った対処をしてしまい、かえって不安を増幅させてしまう。そして不安を過度に気にするようになれば、不安への不安が募り、収拾がつかなくなる。それは不安が過剰に意識されている状態、自意識が過剰な状態であり、その根底には自己価値への不安もあるのだが、そのことには無意識なのである。

(62)　V・E・フランクル『時代精神の精神病理』宮本忠雄訳、みすず書房、二〇〇二年、一〇二頁

(63)　精神交互作用については、森田正馬『新版　神経質の本態と療法』（白揚社、二〇〇四年、三〇頁）に詳しく書かれている。森田の理論は不安が増幅していくメカニズムをかなり納得のいくかたちで説明しており、精神病理の本質を考える上でも大変興味深い考察と言える。

「不安への防衛」としての心の病

ここまで、心の病の本質を「不安への防衛」という観点から考えてきた。不安は危険な状況を知らせる信号の役割を果たしており、この信号を合図に危険に対する防衛反応が生じ、対処行動が取られることになる。

この防衛反応は対処行動だけではなく、生理的反応や身体の機能不全の場合もある。不安によって動悸が速くなったり、発汗、胃痛などが生じることは、誰でも身に覚えがあるだろう。ひどい場合は頭痛、歩行障害、疼痛などが生じ、原因が分からない場合もある。かつてヒステリーと呼ばれたこの病（身体表現性障害）の症状も、フロイトは不安への防衛反応とみなしていた。

また、全般性不安障害やパニック障害などのように、強い不安が症状である場合、一見、不安への防衛反応は生じていないように見える。しかし、これは不安そのものに対して不安が生じているのであり、いわば不安という新たな危険状態に対する防衛反応が生じているからこそ不安が大きくなっている、と考えることができる。

言うまでもなく、これらは全て無意識のうちに起こる反応である。不安に対して対処行動を取る場合、通常、私たちは意図的に危険を避けようとして行動する。だがこの対処行動が習慣化し、自己ルールが形成されれば無意識となる。最初から無意識のうちに生じる反応もあるのだが、反射的な行動以外は、無意識化された自己ルールによる行為が多いのだ。

不安の示す危険に対して生じる反応、対処行動は、それが当人にも無自覚で理由がはっきりしない場合、生活に支障をきたしたり、対人関係に問題を生むことになりやすく、それが耐え難い苦悩となれば、心の病と診断されることもある。そして、それらの防衛反応、対処行動はすべて、無意識的なものなのである。

　無論、すべての精神疾患が「不安への防衛反応」として説明し得るわけではない。それぞれの心の病、症状には、遺伝や脳の障害も含め、様々な要因が絡んでいるだろう。しかし、たとえ身体的な要因が主となる病であったとしても、そこに不安が生じれば、不安への防衛反応から特異な言動や症状が生み出される可能性は常にある。

　例として、脳の機能障害とされる発達障害について考えてみよう。

　自閉症の子供は身体を揺らしたり、飛び跳ねたり、何かを叩く、といった動作を何度も繰り返すことがあり、これは常同行動と呼ばれている。しかし、これを脳の機能障害による無意味な行動、と考えるのは早計である。自閉症の子供は周囲の世界に対する理解や対処が難しいため、大きな不安緊張のうちにある。そのため、なじんでいるパターンにしがみつき、変化を極度に恐れて同じ行為を際限なく繰り返してしまう。つまり常同行動は、違う行動をとることで予測できない事態になることを避け、不安を解消しようとしている、と考えられるのだ[64]。

　常同行動は認知症にも見られるが、これもやはり不安回避の行動だと考えることができる。また、ＡＤＨＤにおける多動や、衝動性など、発達障害の特徴とされてきた行為の多くも、感覚の混乱、

（64）　精神科医の滝川一廣は、「理解や対処の届かない世界を生きねばならなければ、その世界において自分なりに理解や対処できるパターンにこだわるのは当然」（『「こころ」の本質とは何か』筑摩書房、二〇〇四年、一七三頁）と述べているが、これはかなり説得力のある考え方だと言える。

認識の遅れから生じる不安から、危険な状態を避けようとする対処行動なのかもしれない。

発達障害や認知症は脳の機能障害だと考えられており、それ自体は間違いではないとしても、彼らの言動のすべてが脳の障害によるものだとは言えない。その一部、いや多くの部分が、不安に対する防衛反応として捉えることができるはずだ。脳の障害から認知に問題が生じれば、不安も当然生じるし、そこから歪んだ反応、対処行動が生じても不思議ではない。

同様に、統合失調症は脳や遺伝の問題とされているが、その一部は明らかに不安への反応と見ることができる。

統合失調症では、物事の常識的な意味が解体し、すべてが多様な意味に満ちた不可解なものになる。他者と共通の意味を事物に見出すことができなくなり、他者の言動も不自然に感じ、その意味を理解することができなくなるのだ。そのため、強い不安が生じ、何とか理解しようと焦りが生じ、色々と関連づけようとするのであり、その結果、無意味な言葉の頻発、当て推量な応答が多くなり、妄想が形成されることになる。

笑顔を向けられた場合でも、そこに好意ではなく、自分を陥れようとする陰謀を嗅ぎ取り、「どうもわからない、おかしいと思っていたら、みんなで俺を罠にはめていたんだな」という被害妄想になるだろう。妄想は無意味で不気味に感じられる世界への不安に対して、意味のある世界を構築することで、その無意味な不気味さから脱出しようとする試みであり、まさに不安への防衛反応として生じているのだ。

躁鬱病にみられる躁状態も、罪悪感や抑うつ感を抱く危険に対して不安を感じ、それを打ち消そうとする行動ではないだろうか。大切な人を傷つけたり、失ったとき、人は強い罪悪感と抑うつに襲われるが、この不快な状態を避けるために、相手の価値を否定したり、自分は悪くないと考え、気分を盛り上げようとする。躁鬱病では、これが歪んだ形で行われるのかもしれない[65]。

このように、脳の器質障害や遺伝的・素質的な原因が関与している心の問題でも、認知や感覚、感情、意味の理解に混乱が生じれば、対人関係において強い不安が生じ、その不安に反応して、様々な身体反応、対処行動が生じることになる。一見、不可解に見える言動、症状も、「不安への防衛」という観点から捉えると、かなり納得のいく理解ができるのだ。

繰り返すが、すべての心の病の原因が「不安への防衛」だというわけではない。しかし、どのような心の病であっても、最初の原因から何らかの困難、苦しみが生じているかぎり、そこには不安が生じ得るはずであり、この不安を介して、「不安への不安」が生じて過大な不安が生じたり、生理的な防衛反応、歪んだ対処行動が生じる可能性は常にあるのだ。

心の病における無意識

本章では、無意識の本質を考えた際と同様、不安の本質、心の病の本質を現象学の思考法（本質観取）によって考察し、無意識との関係を探ってきた。不安という現象の本質から見えてきたのは、不安が生み出す身体の反応、行動のもたらす心の病の構造であった。そうした心の病における身体の反応や行動の意味は自覚されず、無意識のまま、私たちを苦しめる。

（65）こうした抑うつ感情に対する防衛反応を、メラニー・クラインは躁的防衛と呼んでいる（M・クライン『妄想的・分裂的世界』小此木啓吾・岩崎徹也責任編訳、誠信書房、一九八五年、四六頁）。

不安は危険な状況が迫ると生じ、危険を知らせ、一刻も早く危険を避けるように、私たちの心を急かしてくる。それは私たちが危険を逃れる上で、とても重要な役割を担っているのであり、危険を避けることができた行動は、危険が迫るたびに繰り返され、それが習慣となるだろう。危険回避のための自己ルールが身につき、その対処行動を繰り返すようになるのである。

そうした行為が習慣化し、無意識に行われるまでになれば、考える手間も省けるし、ためらいもなく、効率よく、より手際よく、危険を避けることができる。

だが、あまりに不安が大きければ、パニックに陥り、身がすくんで動けないかもしれない。その経験から、また同じ状況になるのでは、という不安も生じてくるだろう。ささいなことで不安になり、不安への不安が生じて増幅し、絶えず悩まされるようになるに違いない。多くの不安障害は、こうした不安への過度の意識から生じた悪循環の結果なのではないだろうか。

また、不安が大きければ焦って逃げ遅れたり、間違った避難経路に入り込み、かえって被害を被る場合もある。強迫性障害はその典型と言える。あるいは、その危険回避の方法が親に対してだけ有効なのに、誰に対しても適用されるようになってしまい、かえって苦しみを生み出す場合もあるはずだ。自己ルールによる習慣化した行為は「性格」と判断されるため、うつ病になりやすい性格が形成されたり、人間関係に軋轢をもたらすようであれば、パーソナリティ障害と診断されることもあるだろう。

このように、心の病は不安を中核として、様々な身体の反応、行為を生み出しており、それらはすべて無意識的なものである。そして、無意識の身体反応、無意識の行為であるがゆえに、自分では理由が分からず、解決の術が見えてこない。その行為は習慣化しているため、あまりにも当然のように感じられ、変える必要性を感じないし、それ以外に道がないように思える。いや、より厳密に言えば、自分を変えるのが怖いのだ。不安への対処行動をやめることは、無防備になり、危険に身をさらすような怖さがある。いま以上に状況が悪化することへの不安がある。だが、そのことに対してもまた、本人は自覚できず、無意識のままなのである。

無意識は日常生活をスムーズに行い、考えずとも効率よく行動できることで、また不安を解消し、危険を避ける対処行動を即座に行える点で、とても有効な面がある。しかし、考えずに行動することは、うまくいっているうちはよいのだが、問題が生じた場合には原因、理由が見えてこない。不適切な対処行動、歪んだ対人行動になっていても、問題の原因や理由が理解できず、どうすればよいのかもわからず、苦しみが続いてしまうのだ。

では、一体どうすればこのような苦しみから解放されるのだろうか？

そのヒントは、無意識の本質にある。無意識の本質を洞察した際、私はそこに自己了解という共通性を見出した。無意識の経験、より正確に言えば「無意識を確信する経験」には、知らなかった自分自身に気づく、という自己了解がともなっている。そしてそれは、自分がどうしたいのか、どうすべきなのか、納得のいく判断を可能にするため、自由に生きることにつながっている。

一方、本章で述べてきた問題は、不安のもたらす無意識の反応、行動がもたらす苦しみであり、それは自分の納得できない行為にふりまわされているという意味で、不自由な状態とも言える。だとすれば、無意識の経験がもたらす自由の可能性は、その解決の糸口を示しているのではないだろうか。そもそも無意識の行動が問題であるなら、無意識が何であるのかを理解しなければ、その苦しみを解決する手立ては見つからない。

次章では、こうした解決方法について考察していきたいと思う。

6章　無意識を活かす方法——自己分析と心のケア

心理療法と無意識の関係

心の病における症状、歪んだ行為が、不安に対する防衛反応、危険回避行動であることを見てきたが、なぜそのような反応が生じるのか、そうした行動を取ってしまうのか、という点について、当人は無意識であるという共通点があった。だとすれば、こうした歪んだ反応・行動による苦しみから脱け出すには、無意識の理解が必要になるのではないだろうか？

私がそう考える理由は二つある。

一つは、自らの無意識の行動に気づき、その理由を理解しなければ、行動を変えることは難しいからだ。

誰でも慣れ親しんだ行動パターンを変えることには抵抗がある。習慣を変えてしまえばいまより悪い状況になるかもしれない、という不安があるため、習慣化した行動は変えようがないものだと理由づけ、自らをごまかしていることが少なくない。その習慣化した行動が不安から生じた危険な状況への対処行動であれば、それをやめることは危険に身をさらすようなものであるからだ。そのため、たとえその行動が悪い状況を生み出していると薄々気づいていても、はっきりした変える理由がなければなかなか変えられない。

もう一つは、無意識を理解すれば、自分が本当はどうしたいのか、どうすべきなのか、自ら納得して行動できるようになるからだ。

無意識に行動することは、うまくいっているうちはスムーズに行動できるので大変有効だが、そうでない場合、「こんなつもりじゃなかった」と感じ、自らの意志ではないという意識が前面に出るため、自由を感じられなくなる。そのため、自分が本当はどうしたいのかを知る必要がある。無意識の確信による自己了解が必要になるのである。

では、一体どのようにして自らの無意識を理解すればよいのだろうか？

精神分析をはじめとする多くの心理療法は、無意識をどのように理解すればよいのか、その方法を模索し、治療の実践に結び付けてきた。だがすでに述べたように、心理療法は学派によって主張が異なっており、理論対立も激しく、一見、共通の原理は存在しないように見える。しかも、それらの無意識論には検証し得ない仮説が含まれており、安易に信じるわけにはいかない。

しかし、多くの心理療法は「無意識」を重視している点では共通しているため、無意識の本質を明らかにすれば、それぞれの心理療法における無意識の意味も明確になり、各学派に共通する治療原理も見えてくるに違いない。実はこの問題については、すでに拙著『心理療法という謎』および『心理療法の精神史』において詳しく論じているので、ここではごく簡単に、精神分析、心理療法における無意識論を紹介しつつ、その原理を明らかにしておきたいと思う。

この原理から見えてくるのは、無意識を理解する方法とその効果の意味であり、それは心の病の治療という枠を超えて、誰もが自らの無意識を分析し、応用し得る可能性を持っている。心の病ではなくとも、誰でも多かれ少なかれ葛藤や悩みを抱えており、自らの無意識を知りたいと思っている。それは心理療法の原理と無意識の本質を理解していれば、決して不可能なことではないはずだ。本章の後半では、こうした自己分析の可能性について論じることにしよう。

なぜ無意識を解釈するのか？

心理療法の領域において最初に無意識の重要性を指摘したのはフロイトであり、彼の創始した精神分析は後の心理療法に大きな影響を与えている。フロイトの理論には証明し得ない仮説も多いのだが、一定の治療効果が得られている以上、無意識を解釈する、というその治療法には、治療効果をもたらす何かがあるのだろう。

長い間、私はその何かがわからずにいた。精神分析の文献をいくら読んでも、なぜ無意識の解釈が必要なのか、明快な説明はされていない。しかし、無意識の本質がわかったいまでは、その何かを理解することができる。

無意識の本質が自己了解だとすれば、精神分析家が無意識を解釈し、患者が無意識を認めたとき、そこには「知らなかった自分に気づく」という自己了解が生じていることになる。それは自分の気持ちを知り、納得のいく行動を選択する自由につながっているはずだ。これは精神分析のみならず、「無意識の解釈」を重視している他の心理療法にも共通しているが、まずこの点をしっかり押さえておく必要がある。

対話による無意識の分析だけでなく、夢を分析して無意識を見出したり、遊戯療法のように遊びの中に無意識の欲望や不安を読み取る技法もある。また、絵や図形を描く絵画療法、ミニチュアや玩具を用いた箱庭療法、粘土や手芸、陶芸を用いた造形療法なども、無意識の解釈に役立っている。これらは患者の内面を理解する手助けになるだけでなく、言語化が難しい感情を表現することで、不安の解消や感情の解放が生じ、いわゆるカタルシス的な効果が生じている、と考えることもできる。だがそれ以上に重要なのは、表現されたものをセラピストと語り合うことで、無意識を確信し、自己了解が生じることである。

無意識が解釈されたとしても、患者が即座にその解釈を信じるとはかぎらない。では、一体なぜ無意識の解釈を信じ、自己了解が生じるのだろうか？

無意識の本質を考えた際に、無意識の確信は信頼できる人が指摘するからこそ、受け容れられる場合が多い、と述べたことを思い出してほしい。不安な自分、弱い自分、歪んだ考えの自分など、ネガティブな内容の自己はなかなか了解しがたいものだが、信頼できる人の指摘なら、無視することはできない。それは、この人の言うことなら本当かもしれない、この人ならそんな自分でも受け容れてくれるかもしれない、そう思えるからである。

心の病では受け容れがたい内容が無意識となっている場合が多いため、これは心の病の患者にとっては決定的に重要なことだと言える。患者が受け容れがたい欲望や不安に気づくためには、そのような欲望や不安を抱えた自分であっても、周囲の人間が受け容れてくれるという保証が必要になる。自分が嫉妬に満ちた人間、不安だらけの小心者、不道徳な欲望を抱えた人間だと知らされても見捨てないでいてくれるような、そうした感情にも理解を示してくれるような、そういう存在がいなければ、それを無意識として受け容れることはできない。

だからこそ、治療者は患者との間に信頼関係を結び、決して見捨てないという態度が必要になる。そして、どのような感情が明らかになったとしても、その感情を受容する態度を示す必要がある。それによって患者は「存在の承認」を感じ、自分のネガティブな面を無意識として受け容れる準備ができる。治療者の共感的・受容的態度による承認の実感、ありのままの自分が認められ、受け容れられている、という確かな感触が必要なのである。

古くから心理臨床やケアの現場では、治療関係や共感の重要性が指摘され、近年、その主張はますます拡がっているのだが、それも当然と言える。無意識の本質から言えるのは、受け容れがたい自己了解には他者の承認が必要である、ということだ。だからこそ信頼関係、共感が重要な意味を持つのである。

解釈の信憑性と過去の分析

無意識の解釈を治療に取り入れた心理療法は、精神分析以外にもたくさんあるが、無意識の解釈において大きな違いがある。フロイトは無意識を性的な欲望を中心に解釈することが多かったが、アドラーは優越性への欲求を、ユングは個性化への欲求を無意識の中核に据えていた。そもそも同じ精神分析であっても、分析家によって解釈が異なることは一章で触れたとおりである。

しかしその一方で、心理療法はどの治療法でも一定の効果がある、という研究結果もあるため、無意識の解釈の正しさはあまり重要ではない、と考えることもできる。実際、近年では精神分析の領域でも、絶対に正しい無意識の解釈は存在しない、という考えが広まりつつある。

治療者の解釈した無意識は真実とは限らないが、患者がそれを信じ、患者なりの見解も加味されることで、治療者と患者が共同で信憑する無意識ができあがる。それが客観的な現実、真実とみなされるのである。[66]

すでに述べたように、このような考え方は構成主義または社会構築主義などと呼ばれ、現在、人間科学の領域で広範な影響力を持っている。思想的には真理を否定するポストモダンに近い考え方であり、本質を重視する現象学とは対極にある。心理療法の領域では、ナラティブセラピー、オープンダイアローグがこの考え方だが、現在、特に注目を浴びている技法と言える。

ナラティブセラピーでは、患者を苦しめている支配的な物語について、その意味付けを変え、物語を修正する。自己への理解（自己像）を変えることで、それまでの考え方、行動様式を改めることができるからだ。言うまでもなく、これは「自己に気づく」（自己了解）ということでもある。

ただ、このセラピーでは新たに浮かび上がってきた自己像や物語を真実とはみなさない。特定の物語、自己像を真実とみなせば、今度はその物語に縛られ、自由を失う可能性があるからだ。そのため、新しい自己像は無意識に抑圧されていた「本当の自分」である、とは考えない。

なるほど、確かに解釈された無意識は真実とは言えないし、自己了解によって見出された新たな自己像も「本当の自分」とは言い切れない。真実の解釈に固執しないことで、早期に問題が解決し、よくなる場合も多いだろう。だが、どんな自己像、自己の物語であってもよいわけではないはずだ。特に自己ルールの歪みが問題を惹き起こしているような場合、自己ルールが形成された過去を分析し、その理由を理解しなければ、問題を解決することはできない。

たとえば、他人に自分の意見を言えず、必要以上に相手の顔色を窺い、過度の忖度と同調を繰り返していたとしよう。自分の気持ちに嘘をつき、自由を感じることができず、自己不全感に悩まされているのだ。そして、セラピストでも他の信頼できる人でもよいのだが、そうした人たちに行動の背後にある対人不安を指摘されたことで、不安な自分を自覚し、無意識のうちに嫌われることを怖れていた、と気づいたとする。つまり、無意識の確信と自己了解が生じたわけである。

しかし、自らの不安に気づいたとしても、これは自由への第一歩に過ぎない。対人不安を自覚しても、行動をすぐには変えられないだろう。その行動が不安の示す危険を回避するためのものである以上、行動を変えても危険は避けられる、という保証がなければ行動は変えられない。

そこで、なぜこのような過剰な対人不安があるのか、その理由を探ってみたところ、権威的な父親に服従を強いられ、少しでも反論すれば厳しく叱られ、罵声を浴びせられていたことがわかったとしたら、自分の主張を引っ込め、顔色を窺う癖がついた理由も明らかである。対人不安が強くなり、その行動様式は自己ルールとなり、成長後も対人関係に適用されるようになったに違いない。

このように、過去を内省する自己分析をとおして自己ルールの歪みの意味を理解すれば、それを変えるべきだと感じるはずである。身についた無意識の対人行動は、父親に対しては有効であっても、現在の人間関係には有効ではない。その行動をやめても批判されないし、むしろ自分を苦しめる有害な行動となっている、と悟ることができるからだ。

(66)　たとえば間主観的アプローチでは「精神分析的治療の流れの中で結晶化する現実は、間主観的現実」だと主張されている（R・D・ストロロウ、B・ブランチャフ、G・E・アトウッド『間主観的アプローチ』丸田俊彦訳、岩崎学術出版社、一九九五年、八頁）。

無意識となっていた自己の行動パターンの意味を自覚すること。これも無意識を確信する経験であり、自分の行動の意味をさらに深く掘り下げ、自己理解を深めるやり方と言える。それによって、自己ルールを修正し、行動を変えることができるのだ。

フロイトはこの重要性に気付いていた。精神分析は抑圧された無意識（エス）の分析だけだと思われがちだが、フロイトは自我にも無意識的な部分があると指摘し、特に晩年、自我の分析の必要性を主張していた。それは自我の防衛、抵抗、超自我の分析であり、特に超自我は親の要求を内在化したものなので、自己ルールの分析とほぼ同じである。

なるほど、フロイトの解釈は幼児期の性的問題に偏り過ぎている。その意味では彼の無意識の解釈に問題がないとは言えない。しかし、彼が自我分析と呼んだものは、習慣化された無意識の行為を解明する上で重要なものだったのである。

繰り返すが、無意識の解釈が絶対に真実とは言えないとしても、どんな解釈でもよいわけではない。より納得のいく解釈に辿り着くには、過去における対人関係、自己ルールの分析が必要である。だが、無意識の解釈を重視する深層心理学的な心理療法の多くは、抑圧された感情の分析が中心で、無意識の行為、自己ルールの分析にまで目を向けていない。その点で、フロイトは慧眼であったと言えるだろう。

無意識の認知と行動を変える技法

自己ルールを分析するということは、認知のあり方を分析するということとほぼ同じだ。認知の歪みがあれば、その認知とそれに準じた行動を変えることが必要になる。現在、心理療法の主流である認知行動療法は、こうした観点に基づいた技法である。

認知行動療法は行動療法と認知療法を組み合わせたもので、どちらも一九五〇年代に精神分析を批判して登場し、またたくまに心理療法を代表する技法となっていった経緯がある。これらは実証主義の立場から、精神分析の主張するような、無意識へ抑圧された欲望、といった仮説には否定的である。しかし、習慣化した行動、認知を対象としているため、「無意識」という言葉は用いないにしても、暗々裏に無意識の行動、無意識の認知（思考）があることを前提にしている。

行動療法は心理学の学習理論に基づいており、刺激－反応（行動）の因果関係から行動を分析、修正する技法である。それは、苦悩をもたらしている行動、身体的な反応に直接働きかけて、そうした行動、反応様式を修正することに焦点を当てている。

たとえば不安や恐怖の対象を少しずつ提示し、その都度リラックスできるように自律訓練法で練習すると、次第に不安や恐怖の対象を前にしてもリラックスできるようになる。これは系統的脱感作という行動療法で、古典的条件づけの原理を応用したものだ。また、望ましい行動をしたときに褒美を与えたり、賞賛することで、その行動を起こす動機を強化する方法もある。これはオペラント条件づけを応用したトークン・エコノミーという行動療法だ。

強迫行為や過剰な恐怖、不安など、不適切な行動や反応は、ある対象（刺激）に対して条件づけられ、習慣化した無意識の反応、行為でもある。幼少期に親が大声で怒鳴りつけ、目の前で物を壊していたため、かすかな物音にも恐怖を感じ、ビクビクするようになり、声の大きい人に対しても苦手で避けるようになったとする。これは大きな音、大きな声という刺激に対して、恐怖という反応が条件づけられたのだ。しかし行動療法では、音に慣れさせるなど、逆の条件づけによって恐怖への反応、声の大きな人を避ける行動を修正することができる。

この技法では習慣化した行為の無意識性に焦点を当てているが、無意識の解釈は行わないため、無意識を確信する経験は生じない。ただ、不安や恐怖を抱えた自分、歪んだ行動をしている自分を意識しなければ、自分を変えたいとは思わないはずであり、行動療法を実践する上で、自らの行為や恐怖の意味を考えるとすれば、その際、無意識の確信、自己了解が生じる場合もあるだろう。

一方、認知療法では自己を内省することで自分の思考の歪みを自覚し、それを修正する。歪んだ認知、思考が修正されれば、それに応じて歪んだ行為も修正されるからだ。この作業では、気づいていなかった自分の思考パターンを自覚するため、明らかに自己了解が生じている。知らなかった自分の思考に気づくこと、それは無意識を確信することと同じであり、それによって自己ルールの歪みが自覚され、修正されることになる。

行動の歪みは思考の歪みに起因するため、歪んだ思考（誤った信念）を変えれば、歪んだ行動も変えることができる。認知行動療法では、まず認知療法のやり方で自分の思考（認知）の歪みを自覚し、次に行動療法の原理を使って、より効果的に行動を修正するのである。

近年、マインドフルネスやアクセプタンスを重視した認知行動療法が注目されているが、それは思考や感情、身体感覚に対する「気づき」（マインドフルネス）を重視し、あるがままの自分を受容（アクセプタンス）させることに重きを置いている点で、より一層、自己への気づき（自己了解）、無意識の確信につながっていると言えよう。

また、現在の認知行動療法は、従来は軽視しがちであった治療者と患者の関係性についても、かなり重視するようになってきた。そもそも行動療法であっても、治療者が歪んだ行動を必要としている自分を理解し、受けとめてくれるからこそ、治療者と一緒に行動を変えようと思うのだ。認知療法の創始者であるベックも、「認知療法の基本原則の1つは、共同と信頼の意識を患者に教え込むことである」（『人格障害の認知療法』[67]）と早くから述べている。

歪んだ思考を修正するには、その間違いを指摘する治療者との間に信頼関係が必要である。それは、これまでの自分の行為を否定し、自分が歪んだ思考の持ち主であるというネガティブな自己イメージを受け容れるには、そんな自分でも受け容れてくれる人がいる、わかってくれる人がいる、と思える必要があるからだ。だからこそ、治療者が信頼できる他者であること、治療関係が重要になるのである。

「本当の自分」は受け容れられるのか？

早くから治療関係を重視していた心理療法に、ロジャーズの来談者中心療法がある。この技法では精神分析のように無意識を解釈したりしないし、患者の過去を分析することもない。過去よりもいま現在の感情に焦点を当て、それに共感することで、患者が自分の感情に気づけるように促している。

来談者中心療法のセラピストは、患者（クライエント）が語る内容を傾聴しながら、声のトーン、身振り、表情、服装など、あらゆる徴候に感覚を集中し、自分が感じたことを言葉にして患者に返

（67）A・T・ベック、A・フリーマン『人格障害の認知療法』井上和臣監訳、岩崎学術出版社、一九九七年、六八頁

している。患者の話し方の中に「怒り」が感じられれば、「すごく腹が立ったんですね……」と共感を示すだろう。すると、患者はハッとさせられ、無自覚だった自らの怒りに気づき、怒っている自分こそ「本当の自分」だったことを驚きつつも認めるのである。

このような「自己への気づき」が、無意識の確信における「自己了解」と同じであることは言うまでもない。自己了解とは、気づかなかった感情に気づき、気づかなかった自分を知ることであるからだ。この心理療法も認知行動療法と同様、無意識の抑圧のような仮説は認めないし、過去の分析も行わない。しかし、無意識を否定しているわけでもない。自己了解によって、自分が理解していた自己像とは異なる自己像が見出されると、「これが本当の自分なのだ」と確信し、自己像は修正されることになる。それは無意識を確信する経験と内実は同じなのだ。

ロジャーズはセラピストとして必要な条件を三つ挙げている。一つは、患者を無条件に受け容れる姿勢で臨むこと(無条件の肯定的配慮)。ふたつめは、患者の身になって感じ、それを伝えようとすること(共感的理解)。そして三つめは、自分の感じていることを自覚し、言動に矛盾がないこと(自己一致)である。[68]

この三つの意味をよく考えてみると、それが患者の自己了解に不可欠なものであることがわかる。なぜなら、患者が自己の感情に気づくには、治療者が信頼できること、そしてどんな自分であったとしても受け容れ、理解してくれる人物であることが必要になるからだ。治療者の言動に矛盾がないことは信頼を得る上で不可欠であり、治療者の無条件に受け容れる姿勢、共感的な理解によって、患者は真の自己と向き合い、問題を自覚することができる。

このように、ロジャーズの指摘した三つの条件は、患者の自己了解を促す治療関係の重要性を、この上なく明確に示している。治療者の嘘偽りのない共感的態度、受容的態度によって、患者は「ありのままの自分」（本当の自分）が治療者に受容されている、という実感を得ることができる。それによって、患者はそこに見出された自己像を「真の自己（本当の自分）」だと確信する。

来談者中心療法の他にも、フォーカシング[69]やゲシュタルト療法[70]など、「自己への気づき」「本当の自分」の発見を重視し、自己実現を目的としている心理療法は少なくない。これらはヒューマニスティック・アプローチとも呼ばれる、精神分析、認知行動療法と並ぶ第三の心理療法の一群であり、「いま、ここ」における感情に焦点を当て、「本当の自分」に気づくことを重視している点で共通している。

ヒューマニスティック・アプローチ以外でも、真の自己（「本当の自分」）の発見を治療目標に据える心理療法は古くからある。たとえばユングは、無意識にある「真の自己」を見出すことを個性化と呼んでおり、自己実現を心理療法の治療目標に据えた先駆的な存在である。ホーナイ[71]やフロム[72]

(68) この三つの条件については「クライエント中心療法の現在の観点」という論文に詳しく書かれている（C・R・ロージァズ『ロージァズ全集15―クライエント中心療法の最近の発展』伊東博編訳、岩崎学術出版社、一九六七年、四二～四五頁）。

(69) フォーカシングでは身体感覚の意味に注意を向けさせ、「本当の自分」（本来の自己）に気づかせる（E・T・ジェンドリン『フォーカシング』村山正治訳、福村出版、一九八二年、二九～五八頁）。

(70) パールズは次のように述べている。「セラピストがクライエントの何らかの自己実現を援助するつもりであれば、自己実現を妨げているパターン（神経症）を少しでも満たすことを、きっぱりと止めさせ、クライエントが発見しようとしている本来の自己を表出することを勇気づけねばならない」（F・S・パールズ『ゲシュタルト療法』倉戸ヨシヤ監訳、ナカニシヤ出版、一九九〇年、一三三頁）

といった新フロイト主義の精神分析でも、無意識となっている「真の自己」を意識化することが重要な課題となっている。そもそも無意識を確信する経験の本質は自己了解であり、「本当の自分」の確信が成立しやすいのだから、深層心理学的な心理療法が「本当の自分」を重視するのは、ある意味で当然と言える。私たちは無意識の不安を認めるとき、その不安を感じている自分こそ「本当の自分」だと確信する。それは結局、自己了解という点では同じなのである。

来談者中心療法などのヒューマニスティック・アプローチが、早くから治療関係や共感を重視していたのに対し、初期の精神分析や認知行動療法は治療関係の重要性についてあまり重視していなかった。晩年のロジャーズは、「出会い」と共感的な交流が自己理解や自己成長を促す、と考えていたのだから、このことは本来、もっと高く評価されるべきだろう。

ただ、ロジャーズらの理論においても治療関係や自己理解がなぜ重要なのか、十分に説明できていないところがある。

繰り返すが、心の病には不安への防衛反応があり、特に承認への不安が強いほど、新しい自分と向き合うことができなくなる。だからこそ、誰かが不安を軽減させる必要があるのだ。治療者が信頼され、共感を示すことで、その準備が整うことになる。自由に生きるためには、こうした信頼関係を介した自己了解が不可欠であり、自己了解によって自分の意志で決断できてこそ、自由に生きる可能性が開かれるのである。

心理療法の最前線

治療関係が重視されるのは、近年の心理療法全般の傾向と言える。治療において信頼関係が重要なこと、治療者と患者の関係性が治療に大きく影響することは、いまやどんなセラピストも否定しないだろう。あたり前に思えるかもしれないが、初期の心理療法はあまり治療関係を重視していなかったし、信頼関係が大事だと感じていた治療者も、その本質を十分に理解していなかった。

一九五〇年代に登場した来談者中心療法では、ロジャーズが早くからセラピストの三条件を主張していた点で、治療関係の重要性を認識していたことがわかる。患者の気持ちに寄り添い、傾聴し、その感情を受容すること。それは結局、患者が「存在の承認」を実感することで不安が払拭されるため、自己了解が生じやすくなるということだ。彼が無条件の肯定的配慮、共感的理解と呼んだものは「存在の承認」をもたらし、治療者の自己一致は信頼関係を築く上で重要だったのである。

一方、当時の行動療法では治療関係は意味がないと考えていた。行動の修正は条件づけでなされるのであって、治療の関係性は関与しない、と考えられていたからだ。治療者は患者を客観的対象として分析するため、そこに主観は持ち込まないし、患者と治療者の相互関係も考慮しない。これは、対象を客観的に分析する科学者としては正しい態度なのかもしれない。

同じ頃、精神分析においても治療者は中立的な態度が必要とされ、共感など、治療者の主観的な

(71) ホーナイは「鋭い内省の後に強迫的欲求から解放されたとき、私たち自身や患者の内部に、こうした真の自己の特質が出現してくるのが観察できる」(K・ホーナイ『神経症と人間の成長』榎本譲・丹治竜郎訳、誠信書房、一九九八年、二〇二頁)と指摘し、「精神療法は自己実現を手助けすること」(同、四九七頁)だと明快に述べている。

(72) フロムは、現代人は真の自己への関心を見失っている、と繰り返し強調している(E・フロム『人間における自由』谷口隆之助・早坂泰次郎訳、東京創元社、一九五五年、一六五〜一七三頁)。

感情を持ち込むことはタブーとされていた。精神分析もまた、治療者のモデルとして、客観的に分析する科学者を理想としていたからだ。

ただ、精神分析の場合は治療関係の影響を無視していたわけではなく、むしろ重大な影響を及ぼすものと考えていた。それは、心理的な治療において転移という現象が生じやすかったからだ。転移とは、過去の親子関係が治療関係に投影され、無意識のうちに同じ行動が繰り返される現象であり、無意識を知る重要な手掛かりになる。だが患者に触発され、治療者にも転移（逆転移）が生じることもあり、これは治療を混乱させてしまう危険性がある。そのため精神分析では、転移が治療に使えることを認識する一方で、治療者の感情が関与する危険性を警戒していたのである。

しかし、一九七〇年代にコフートが共感の必要性を強調するようになって以降、精神分析の領域でも治療者の感情、治療者と患者の関係性が重視されるようになった。いまや無意識の解釈についても、治療者と患者の関係性を抜きにして考えることはできなくなっている。

認知行動療法の領域においても、現在では治療関係を重視する動きがある。もともとベックは早くから、人格障害などの困難なケースの認知療法は、治療者との信頼関係がなければうまくいかないと考えていた。それが今日では、スキーマ療法や弁証法的行動療法など、特に困難なケースを扱う認知行動療法において、共感や受容が重視されている。

このように、いまの心理療法は全体として、治療関係や共感を重視する傾向にある。ただ、それがなぜ重要なのかという点については、十分に論じられているとは言えない。共感は不安を緩和し、信頼関係をもたらすから、というぐらいは共通して理解されているようだが、ではなぜそれが可能なのだろうか。また、幼少期に共感が得られなかったので、共感の体験が必要になる、という理論もあるが、なぜこのような再体験が必要なのだろうか？

私の考えでは、それは治療者の共感が、「あるがままの私」が受け容れられている、という「存在の承認」の体験でもあるからだ。幼少期に共感が得られなければ、「あるがままの自分」でよい、という無条件の自己肯定感が損なわれ、相手の要求どおりに行動しなければ認められない、受け容れてもらえない、という承認不安を抱え込む。そのことが、相手の要求や期待に沿った行動パターン、歪んだ自己ルールを作り上げてしまうのだ。

こうした承認の不安が過度な自意識、自己否定的な不全感、歪んだ行為をもたらすとすれば、まず承認不安を緩和しなければ、無意識の確信、自己了解は生じない。しかし、共感の与える「存在の承認」が承認不安を緩和すれば、無意識を受け容れ、自己了解を得ることができる。だからこそ、共感を中心とする関係性が重要になるのである。

無意識で心は治るのか？

以上のような心理療法の原理と理論的展開から、心の治療における無意識の役割が見えてきたと言える。ここでもう一度、その概略を整理してみることにしよう。

現代を代表する心理療法においては、治療者の承認を介して自己了解を促すこと、それによって自己ルールを分析し、修正することが、共通原理となっている。治療者という他者による受容、共感をとおして、患者は知らなかった自己に気づかされる。それは、解釈によって抑圧された欲望を意識したり、傾聴によって感情に気づかされたり、内省や分析によって認知・思考を自覚させられるなど、すべては患者が自己の無意識に気づくことに他ならない。

こうした無意識の自覚によって、患者は新たな自分と向き合うことになり、それまでの自己理解（自己像）を修正する。新しく浮かび上がってきた自己像は、たとえ受け容れがたい内容であっても、治療者の受容的な態度と共感があれば認めることができる。自分に悪い面があっても、この人（治療者）は受け容れてくれる、という信頼と安心感があるからだ。そのため、治療者が指摘する自己像は、よほど違和感がなければ「本当の自分」として認められることになる。

厳格な親に共感されず、親の言いなりになるしかなかった子供は、自己否定的で承認不安が強く、他者の承認を得るために同調的な行為が多くなる。その行為は歪んだ自己ルールを形成し、大人になっても対人関係で同じ行為を繰り返し、不安と自己不全感に悩まされるだろう。しかし、治療者が患者の気持ちを受容し、共感し、悩みを聞いてくれたとしたら、患者は無意識になっていた自分の感情、本音に気づき、自己像と自己ルールを見直すことができる。そして、自分が本当はどうしたいのかを理解し、納得のいく行為を選択できるようになる。

しかし、解釈された無意識、気づかされた無意識の内容が、真実ではなかったとしたらどうなるのだろうか。治療において明らかになった無意識が本当ではないとしたら、治療の効果など望めないのではないのか？

これについては、「解釈の正しさは問題ではない」という意見がある。すでに述べたが、近年の構成主義の心理療法では、治療における解釈を構成された物語とみなし、客観的真実（絶対正しい解釈）など存在しない、と主張している。

どのような無意識の解釈を信じるかは、患者の文化的基盤、教養、価値観、信仰、そして受けた心理療法によって異なるが、当人がその解釈に納得できるなら、自己了解は必ず新たな一歩を踏み出す勇気を与えてくれるだろう。心理療法の効果を検証した研究においても、技法の差異によって治療効果に違いはない、という結果が出ている。つまり、どの心理療法を選択し、異なる解釈を受け容れたとしても、自己了解は一定の効果が見込める可能性がある。

とはいえ、心理療法における無意識の解釈は、二人だけの閉じた関係における合意であり、相互の主観的な解釈、幻想が強く反映されやすい。そのため、治療者以外の人々との間では、自己の理解に違いが生じ、新たな問題を生み出してしまうかもしれない。

たとえば、心理療法において、職場への不満、反発心が無意識として解釈され、それを自分の本当の感情として受け取ったとしよう。そして、「ありのままの自分」を抑圧し、職場に無理やり同調していたからよくないのだ、という結論に至り、職場に復帰した途端、周囲に遠慮するのをやめ、自分の思うままに仕事を進めるようになったとする。それでうまくいく場合もあるはずだが、周囲からは協調性がないと思われ、ギクシャクした関係になるかもしれない。その結果、周囲から理解されていない、嫌われている、という孤独感が生じ、新たな苦悩が生み出される可能性もある。

このケースでは、周囲への過度な同調や配慮が原因だったのだから、自分の素直な気持ちを伝えるなど、もう少し自分の感情を大事にすべきだというセラピストの助言は、方向性としては間違いではない。しかし、周囲の人々に認められたい、というのも「本当の自分」なのだから、そこを丁寧にフォローしていかなければならない。治療者に承認されたことで、一時的に不安は払拭されても、社会に復帰すれば、家族や学校、職場の人々と生活をしていくのであり、そこで承認が得られなければ、結局はまた不安が募るだろう。

患者は治療者と一生付き合うわけではないし、自分の感情を大事にするとしても、周囲の共感や承認なしに生きることは現実的ではない。無論、過度な自己抑制や同調、過剰な配慮に戻ってしまうなら問題であり、学校や職場にそうせざるを得ない問題があるなら、学校や職場を変える必要もあるかもしれない。だがそうでないのなら、「ありのままの自分」を大切にしつつも、最低限の共感や承認を得るための他者への配慮は必要になる。

無意識の解釈は何でもよいわけではない。人間が「ありのままの自分でありたい」「自由でありたい」という欲望を抱えていると同時に、「周囲の人から認められたい」という承認への欲望を抱え、葛藤している存在であることを理解しておく必要がある。だからこそ、過去を振り返り、承認不安と自己ルールの関係を分析し、より深く自己を理解しなければならないのである。

日常生活における無意識の効果

さて、心理療法の原理から無意識の役割について考えてきたが、それは無意識の確信によって生じる自己了解によって、より適切な自己像、自己ルールに修正され、自由に生きる可能性が開かれることであった。言うまでもなく、このような無意識の確信や自己了解が生じるのは、心の病の治療に限ったことではない。私たちの誰もが経験し、自己理解を修正しながら日常生活を送っている。

私たちは困難にぶつかる度に、信頼できる人たちとの間でお互いに話を聞きあい、慰めあい、助言しあいながら、様々な危機を乗り越えながら生きている。信頼関係における安心感、共感による「存在の承認」を感じる中で、その都度、無意識を確信し、自己了解によって自己像と自己ルールを見直し、そうやって納得のいく生活を模索しながら生きているのだ。

すでに述べたように、私たちの自分に対するイメージ（自己像）は、最初は親の評価や期待、命令に応じて形成された自己ルールを中心とした言動から形成される。親に愛されたい、認められたい、という気持ちがある限り、親の期待や要求は無視できないため、自己ルールは親の求める行為が基準となるのだ。それは子供時代をとおして、親の愛と承認を得るために必要な行動のルールであり、自己ルールを捨てようとすれば、愛と承認を失う不安を心のどこかで感じざるを得ない。

しかし、成長するにしたがって、親以外にも多様な人々の考えや価値観を知るようになると、自己ルールを見直し始め、少しずつ修正を加えるようになる。それは、学校や職場などで居場所を確保するためには必要な作業であり、社会で多様な人々と生きていく上でも大切なことなのだ。

幼児期において親が十分に共感し、「存在の承認」を与えていれば、この修正はスムーズに進行するだろう。なぜなら、子供は基本的に親のルールに従うとしても、ある程度は自由に行動してよい、少し怒られても大丈夫、という安心感があるからだ。しかし、親の共感が足りず、自分の期待や要求を優先すれば、子供は承認不安を感じ、親のルールに準じた「行為の承認」に執着する。そのため、学校などで多様な人々と出会っても、なかなか自己ルールを修正することができなくなる。

また、親が十分に共感し、愛と「存在の承認」を与えていたとしても、その後の人間関係の中で自己ルールが歪む場合もある。スクールカースト、いじめ、過度の同調圧力など、学校の人間関係に歪みがあれば、自己ルールは適切に修正されるどころか、かえって強い対人不安から大きく歪むことになり、生きづらさは増していくだろう。同調圧力の強い閉鎖的な空間で、承認不安から自分を過度に抑え、周囲の視線を気にする自意識も過剰となり、自由に行動できなくなる。その結果、他人に同調的なふるまいが自己ルールとなるかもしれない。

このように、問題のある人間関係によって歪んでしまった自己ルールでも、様々な出会いによって修正する機会はある。

思春期、青年期を経るに従い、親友、恋人など、私たちは親以外にも大事な人ができることがある。すると、その人たちの愛と承認を得たいと感じるため、彼らの要求や期待が重要な意味を帯びてくる。親の要求に従った行為や自己ルールを批判され、変えた方がよいと言われれば、それを無視することができなくなる。それは彼らの言葉が信頼できるから、というだけでなく、彼らに認められたいからでもある。もし、そうした関係の中で愛と承認が得られれば、それは親に対する愛と承認への不安、あるいは学校における承認不安を払拭し、大きな自信となるだろう。そして、過度な同調や忖度をやめ、自分の道を歩きはじめるきっかけとなる。

心理療法における無意識の気づき、自己了解も、基本的にはこうした信頼関係における自己了解と同じ原理である。治療者と患者の対話の中で浮かび上がってくる自己像、自己ルールは、大抵は受け容れがたいものであり、その歪みを自覚することは難しい。しかし、信頼できる治療者に受容されている、認められている、という「存在の承認」の感覚が、自己了解を促すことになる。

セラピストは親や恋人、親友ではないし、会う時間も限られているが、専門家としての信頼感がある。それに加えて、経験豊富で力のあるセラピストなら、相手の気持ちを敏感に感じ取ることができるため、より一層、信頼感は強くなりやすい。苦しんでいて相談している人にとっては、こうした信頼できる専門家の言葉は大きな意味を持っており、自分の知らない部分を、つまり無意識を理解してくれる、という期待感も高いだろう。だからこそ無意識の解釈は信じられ、自己像の刷新、自己ルールの修正が起きるのである。

だがそれは、心理療法を行ったときにのみ生じる現象というわけではない。私たちの日常生活においては、様々な形で無意識の確信、自己了解が起きている。自分自身で気づくこともあるが、親友や恋人、家族との関係で気づかされることも少なくない。あるいは、看護や介護、保育、教師など、対人ケアに関わる人々との対話、共感をとおして気づかされる場合もあるだろう。そうやって私たちは日々の生活の中で、時として自分の本当の欲望や不安に気づき、自己像、自己ルールの歪みを修正しながら生きている。それは自分が納得のいく行動を選択し、自由を感じて生きていくためには不可欠なのである。

無意識の自己分析

信頼できる他者との出会いが無意識の確信による自己了解を促し、歪んだ自己ルールを変えるきっかけになるとしても、そうした出会いに恵まれない場合もある。それに、親身になって話を聞いてくれる人、助言してくれる人がいたとしても、その人たちの助言、自分への指摘が正しいとはかぎらない。セラピストのような専門的知識はないのだから、間違った解決や悪循環をもたらすことも多いだろう。相手に悪気はないとしても、そこに限界があるのは仕方がないのかもしれない。

そこで、他人の言葉をそのまま信じるだけでなく、自分自身で考え、自己分析することも誤った解決を避ける上で大事になるだろう。その際、無意識の本質や心理療法の原理を理解し、承認欲求と自由の葛藤、不安への反応など、人間性の本質を理解しておくことも必要であり、そうした知識がないまま自己分析をすることは、間違った方向へ向かうリスクがある。

ここで無意識の本質に基づいて、自己分析のやり方を整理してみることにしよう。

「無意識があった」と確信する経験には、「習慣化した行動」「自律神経反応」「感情」「イメージ」

「他者の反応」があったことを思い出してほしい。私たちが自分の無意識を自覚し、そこに「知らなかった自己」を見出すのはこうした要因からであり、つまりそれは、自己を分析し理解する上で必要な契機でもあるのだ。特に重要なのは、「感情」「習慣化した行動」である。

発汗や脈拍の速さなどの自律神経反応、夢や反復される白昼夢などのイメージから無意識的な欲望や不安を確信し、それが自己了解につながることも多いのだが、これは解釈が多様になりやすい面もある。一方、感情は思考を超えて最もストレートに自分の本音を示している点で、無意識の確信においても信憑性が高い自己の理解を得ることができる。その意味で、自己分析の基本は、まず自己の感情に注意を向けることだと言える。

また、習慣化した行動パターンは、自己ルールを理解する上で最も貴重な材料になる。それは反復によって身体化されたルールに基づく行動であり、その根底には何らかの欲望、不安があるからだ。習慣となり、あたり前になっている対人行動は、普段は無意識になされており、そうした行動の意味を自分では理解していないことが多い。しかも、そうした行動が無意識だったと気づいても、即座にその意味がわかるわけではない。

そこで過去の分析が必要になる。習慣化した行動は過去に積み重ねた行為の結果であり、特に対人関係に関する行動パターンには、過去に経験した対人関係が深く関わっている。そのため、過去の対人関係、特に親子関係に留意し、そのときに感じた不安、欲望を明らかにする必要がある。

他人の頼みをどうしても断れない人がいるとしよう。嫌だと思っても、断らない習慣ができており、職場でもやらなくてもよい仕事まで引き受け、残業や休日出勤ばかりを繰り返している。しかし、そのようなことを繰り返していると、毎日が苦しくなるだろう。これはうつ病になりやすい人に多い行動パターンでもあるが、自分でもなぜ断れないのかわからない。

しかし、そうした行為の際の感情を注意深く内省してみれば、嫌われることへの不安があることが自覚できる。不安を認めることは、だめな自分を意識することでもあり、普段は考えないように、目を逸らしてしまいやすい。だから無意識になるのであり、不安だった自分を自覚できれば、無意識を確信し、自己了解が生じることになる。だが、不安だから他人の頼みを断れない自分がいる、と自覚できても、なぜそれほど他人を怖れているのか、それだけでは判然としないだろう。

この場合、過去を分析してみればよい。習慣化した行為は昔から繰り返している行為であり、一体いつ頃からそうした行為をするようになったのか、振り返って考えてみるのである。

たとえば、学校で友達のちょっとした頼みを断ったことで、陰口を叩かれ、仲間外れになった経験があるのかもしれない。あるいは、幼少期から親の頼みを断ると、親が極度に不機嫌になったり、怒鳴られていた可能性もある。その点がはっきりすれば、相手の頼みを断れば嫌われるかもしれない、見捨てられるかもしれない、という不安から、相手の言いなりになってしまう癖がついたのだと自覚できる。つまり、こうした承認の不安が歪んだ自己ルールを形成していたのである。

このように、無意識になっている習慣化した行動の意味は、過去の自己分析によって明らかにすることができる。特に対人関係に関する不安、承認への不安は、歪んだ自己ルールを形成しやすい面があり、成長してからも支配的な行動様式になりやすい。それは性格と呼ばれることもあり、一見、生まれつきの性質のように思えるかもしれない。しかし大抵の場合、過去をよく精査してみれば、その人の習慣的な思考や行動の原因が見えてくるのである。

他者と共に行う自己分析

以上のような無意識の自己分析は、不安と自己ルールの歪みが大きいほど難しくなる。それは、不安や歪んだ行動を認めることは、自分の弱さ、社会性のなさを認めること、自分の生き方を否定することになるからだ。また、それが危険な状況への対処行動として身についているなら、この行動の歪みに薄々気づいていても、危険に身をさらす可能性がある限りは受け容れられない。そのため自己分析をしようとしても、なかなか真実にたどり着くことができないのだ。

自己分析を妨げているのが不安だとすれば、まず不安を解消しなければならない。もしそれが承認不安であるなら、誰かが承認してくれることで不安は緩和されるだろう。その承認は「あるがままの自分」を無条件に受け容れてくれる「存在の承認」でなければならないし、それには信頼できる人間による共感、傾聴が必要になる。

私たちは「認めたくない自分」を意識してしまうと強い不安が生じるため、無自覚に注意を逸らしたり、深く考えないようにしてしまう。そのため、「認めたくない自分」を無意識にあったものとして確信することはできず、自己了解も生じない。しかし、そんな「認めたくない自分」を受け容れ、共感を示してくれる誰かがいれば、「認めたくない自分」とも向き合い、自覚する勇気が持てるだろう。これは「他者の反応」から無意識を確信する理由でもある。

自分の意見を言うと親に叱責され、不当な扱いを受けてきた子供が、強い承認不安によって「意見を言ってはならない」という自己ルールを作り上げたとする。実際、そうしなければ家の中で親と暮らすことはできなかったので、幼少期においては、親に嫌われる、叱られる、という危険に対する有効な対処行動（防衛反応）だったのかもしれない。しかし、それが習慣的に繰り返されると、「意見を言うべきではない」という自己ルールが形成され、学校での友だち関係、職場での人間関係においても適用されてしまう。

しかし、親への防衛戦略が他の人間にも通用するとは限らないし、それが歪んだ親に対する歪んだ自己ルールであればなおさらである。意見を言わないことで親に受け容れられていても、一般社会では消極的で、主体性のない人間とみなされるかもしれない。本音が見えないと避けられ、友人と親しくなるチャンスを逃してしまうこともあるだろう。やっかいなのは、日本の社会は意見を言わない方がよい場合がしばしばあることだ。典型的なのは、学校で仲間はずれにならないために自己主張を控え、同調するほうが得策だと感じ、「意見を言うべきではない」という自己ルールが強化されてしまうパターンである。

　このような自己ルールを抱えていると、同調圧力の強い職場ではある程度有効でも、自分の感情、本音を抑圧してしまうため、自己不全感、不自由な感じ、強いストレスが生じやすい。その上、同調圧力のない職場で同じ態度を取っていれば、主体性がない、意見が

無意識の経験が生じるプロセス

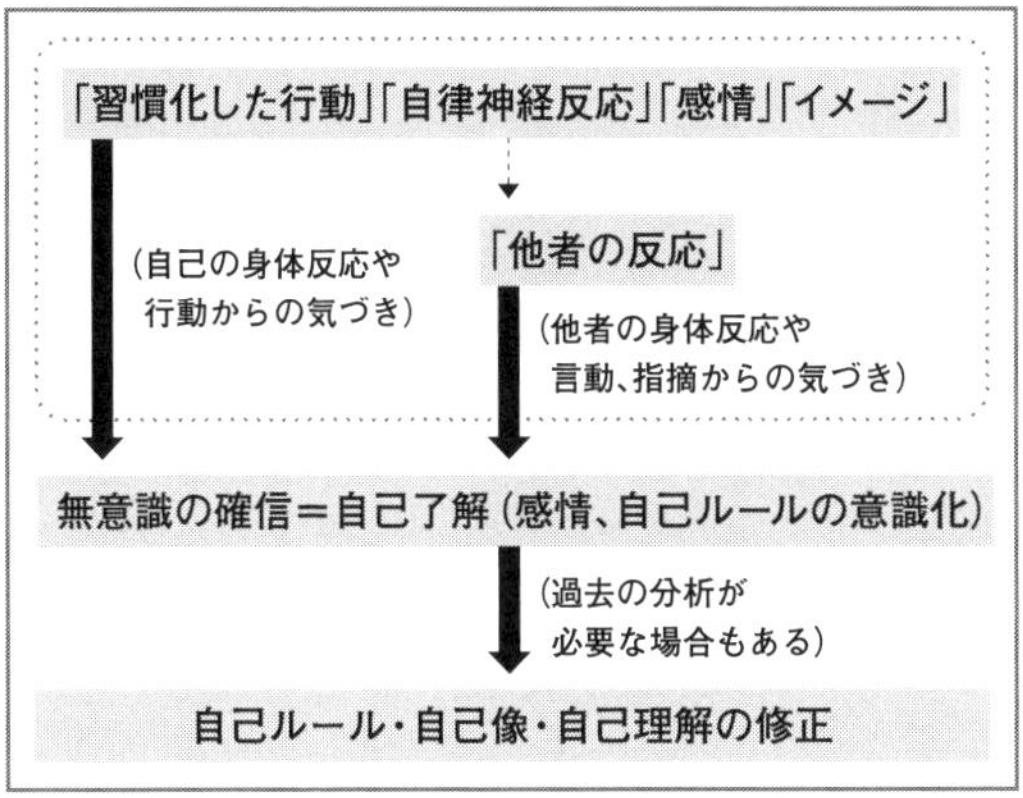

ない人間は評価されず、さらにストレスをため込むことになる。「もっと意見を言え」と上司や同僚に言われても、否定されること、嫌われることが怖くてできないのだ。

しかし、誰か信頼できる人間がこうした不安、本心に気づき、じっくりと話を聞きながら共感を示してくれるなら、無意識だった承認の不安、自分の意見を言いたい本心に気づくことができるだろう。そして、なぜ「意見を言うべきではない」と感じてしまうのか、その相手と一緒に過去を振り返りながら考え、その理由を見出すことができるに違いない。

これは自己ルールに関する自己分析であり、あまり思い出したくないことであっても、信頼できる人と一緒ならば、直視する勇気も湧いてくる。なぜなら、それが親や周囲の人間に逆らえない弱い自分、間違った行動ばかりを繰り返す自分であったとしても、この人ならわかってくれる、受け容れてくれる、という安心感があるからだ。そして自己ルールの歪みを認め、「自分の意見はもっと言うべきだ」という自己ルールに書き換えることができる。自分の意見を言っても怒らない、ちゃんと聞いてくれる人がいる、という安心感があるからこそ、それが可能なのである。

このことは、適切な育児をする親と幼児の関係に似ている。というより、基本的には同じなのだ。子供を愛する親は、子供の気持ちを尊重し、共感的な理解を示す。それによって、幼児は自己了解の力を身につけつつ、「存在の承認」を感じ、あるがままの自分でよい、という自己肯定感を抱くようになる。親に守られている安心感から、自分のしたいことを大事にし、主体的で自由に行動できる人間になるのである。

こうした親子関係を経験できなかった場合、承認不安、歪んだ自己ルールを抱え込む可能性があるのだが、それは決して変えられない運命などではなく、親友や恋人など、信頼できる人間との出会いが、承認不安を解消し、自己ルールを修正する機会を与えてくれるかもしれない。あるいは、尊敬できる恩師や先輩、上司によって、人生が変わる場合もあるだろう。

そうした出会いがないなら、専門家に相談する道もある。特に深刻なトラウマを抱えていたり、不安、抑うつがかなり強い場合、病的と言えるほどの行動、症状がみられる場合は、セラピスト、精神科医に相談しなければ解決は難しいだろう。また、心の病ではなくとも、高齢者、患者、子供といった存在は不安を抱えやすく、自己分析も難しいことが多い。しかし、看護や介護、保育などの仕事をしている人たちの中には、共感的に話を聞くのが上手い人、心のケアに慣れている人も少なくない。彼らは共感、傾聴、対話の重要性を経験的に知っており、実践しているのだが、それは「存在の承認」によって不安を緩和し、無意識の確信、自己了解を促す作用を持っているのである。

このように、私たちは日々の生活の中で、信頼できる他者の反応、指摘を介して無意識を確信し、一人では認められない自分を受け容れ、自己像、自己ルールを刷新しながら生きている。そうやって、過去において強い信頼関係、愛情のある関係の中で自己了解をしてきた経験が豊富であるほど、自己分析の力も培われているはずだ。

もし、そうした独力での自己分析が難しければ、信頼できる人間を見つけ、対話をとおして自己を見直してみるとよい。それは友人や家族でもよいのだが、問題が複雑な場合には専門家のほうがよいかもしれない。それによって、自分が何をしたいのか、どうすべきなのかが見えてくれば、納得のいく行為を選択し、自由に生きることができるはずである。

終章　自由であるための無意識

自分探しの時代

現代社会では多くの人々が、自分自身の気持ちに自信が持てず、自らの無意識を知りたい、「本当の自分」を見つけたい、と思っている。精神分析や心理学への関心が高まり、セラピーや自己啓発、新興宗教が流行るのも、こうした無意識への関心、自分探しと無関係ではない。無意識にある「本当の自分」を見出すことができれば、自分が本当はどうしたいのか、何をなすべきなのか、納得のいく行為の選択ができるようになる。それは、自分が本当にやりたいことができるという意味で、自由に生きる可能性に繋がっている。

しかし、無意識に気づくことができたとしても、そうした無意識の内容が絶対に正しいという保証はない。私たちが経験の中で見出す無意識の欲望は、あくまで「それが自分の本当の気持ちだ」という確信が生じるだけで、無意識の真実が見出されるとは限らないのだ。では、間違った無意識の内容を信じてしまうことで、不都合は生じないのだろうか？　それで本当に自由に生きることとなどできるだろうか？

心理療法、精神分析の領域においては、かつては学派によって無意識の解釈が異なるため、その正しさをめぐって対立が生じていた。しかし現在では、無意識の解釈は治療者と患者の間で構成されたものであり、客観的な真実というわけではない、無意識の確信は絶対の真実である必要はない、という考え方を持つ人も少なくない。

なるほど、無意識の内容が真実ではないとしても、それを信じることで不安が緩和され、歪んだ考えや行為を変えるきっかけとなるなら、それはそれで有効と言えるかもしれない。だが、その内容が十分に当人の欲望を汲み取ったものではなかったり、あまりに本当の欲望とかけ離れていれば、やはり有害な面もあるはずだ。

その場では納得したように思えても、十分に深く内省してみたわけではなく、ただ相手の言葉を信じただけ、という場合もあるだろう。その場の雰囲気に呑まれたり、カリスマ的な指導者の言葉を鵜呑みにしたり、集団で言いくるめられただけで、「本当の自分」を発見した、新しい自分になれた、という錯覚に陥ることもあるかもしれない。

自由と承認の葛藤ゆえに自己不全感を抱き、自分は本当はどうしたいのか、どうすべきなのか、悩んでいる人がいるとしよう。彼は嫌われること、批判されることを極度に怖れ、承認への不安を抱えているために、自分の気持ちを押し殺し、過剰に空気を読み、周囲の人々に同調し続けてきたために、自分のしたいことが見えなくなっている。

そんな時、ある自己啓発セミナーの研修合宿に参加することになり、そこで現在の自分が「偽りの自分」だと指摘され、周囲への同調をやめるように言われたとする。さらに、あなたはもっと価値のある仕事をしたいと思っている、と言われ、その自己啓発セミナーの勧誘や資金集めの活動に身を投じることになったとしたら、どうだろうか。

この場合、当人は「本当の自分」を発見したと思い込み、一時的には高揚した気分が続き、一生懸命に「素晴らしいセミナーだ！」と周囲の人々にも熱心に勧めるだろう。しかし、やがて再び自己不全感を抱き、苦しみを抱えることになるかもしれない。なぜなら、それは周囲への承認を気にせず自由にふるまえるようになったのではなく、そのセミナーの会員、信者、指導者から承認されることで、一時的に承認不安が緩和され、解放された気分になっているだけなのだ。そのため、セミナーから認められることに執着し、自由を手放してしまうのである。

このように、自由な社会であるがゆえに、自由と承認の葛藤、承認不安も高まり、その不安につけこみ、根拠なき無意識の解釈、自己理解を与える商売も少なくない。また、同じようなことはあらゆる場所で起こり得る。ブラックな職場でも、学校の教室、部活でも、自分の属する集団で認められ、居場所を得るために、その集団の価値観を受け容れ、その集団の人々やリーダーの「お前はこんな人間だ」という言動を信じ込んでしまうのだ。

本当の意味で不安を解消し、自由を見出して生きていくためには、無意識の確信に絶対的な真実は見出せないとしても、十分に納得できるような妥当性のある解釈を見出さなければならない。そのためには、他者の言葉を安易に鵜呑みにするのではなく、自分で納得がいくまでよく考え、自己分析を行い、より深く自己を理解する必要がある。

人間性の本質

自分をより適切に知るためには、人間一般のことを知らなければならない。人間がどのような存在なのか、何を求め、何を怖れているのか、そうした人間の欲望や不安、それに対する態度、行動の特質を理解していなければ、自分のことも十分には見えてこないからだ。より精度の高い自己分析、自己理解のためには、人間理解が必要ということである。

すでに無意識の本質を考察した際に、私たちは欲望、自由と承認の葛藤、不安への防衛反応、自己ルールの形成など、様々な人間の特質、人間性の本質について考察してきた。そこで、無意識の本質についての考察から浮かび上がってきた人間像を、もう一度整理してみることにしよう。

まず、人間は自分の感覚や感情から自分の状態を知り、自らがなすべき行為を選んでいる。暑ければ服を脱いだり、涼しい場所へ行くだろうし、痛みがあれば休もうとする。腹が立てば怒りを相手にぶつけることもあるだろう。恐怖を感じれば逃げ出すし、不安があれば未然に危険を防ごうとする。特に感情は自分の本音の現われとして、自分がどうしたいのかを示しており、その後の行動に直結している。

ハイデガーは、「了解するということは、実存論的には、現存在自身がおのれの存在可能を存在することであり、そのさいこの存在は、おのずからにして、おのれ自身の要所（おのれ自身が何に懸けられているか）を開示している」（『存在と時間』[73]）と述べている。これは、人間は気分を感じ取る（了解する）ことで、自らの状態を知り、自分がどうすべきなのかがわかる、ということだ。気分は自己のあり様を告げ知らせてくれるのである。

無意識の本質観取をした際、感情から無意識を確信した場合にも自己了解が起きると述べたが、これも気分の了解によって自己のあり様に気づいている点では同じであり、ただ、それが無意識を意識させるという違いがあるだけだ。感情、気分の指し示している意味を了解することは、自己を了解することでもあり、この自己了解が自分の望んでいることを教えてくれるのである。

自己了解は自分の行為に納得し、自由を感じて生きる上で不可欠なものであり、人間のあり方を大きく規定している。そのため、自由に生きるためには、まず自らの感情に留意することが必要になる。当然だが、自分一人では気づきにくいこともあるので、他者の指摘に耳を傾けることも大事になってくるだろう。それは、無意識を確信する経験となり、新たな自己の理解、自己像の刷新をもたらすに違いない。

ただ、人間はあるがままの自分でいたい、自分のしたいこと、気持ちを大事にして行動したい、という自由への欲望がある一方で、自分の気持ちを受け容れてほしい、仲間として居場所を確保したい、自分の行為や作品を認めてほしい、という承認への欲望を持っている。そしてやっかいなことに、この二つの欲望はしばしば対立し、葛藤を惹き起こす。自由に行動したことで批判され、認められなかったり、認められるためにやりたいことをがまんするなど、自由と承認のどちらを優先すべきか、葛藤し、悩まされる状況が頻繁に起こるのだ。

また、人間はこうした葛藤だけでなく、様々な不安を抱えている存在でもある。不安は危険な状況を告げる警告であり、私たちはこの警告に従い、危険を避ける対処行動を取っている。その対処

(73)　M・ハイデッガー『存在と時間　上』細谷貞雄訳、筑摩書房、一九九四年、三一三頁

行動が習慣化するとき、自己ルールが形成され、無意識の行動パターンが生まれてくる。自己ルールは不安を回避する行動だけでなく、ほめられた行動は何度も繰り返して癖になるように、欲望を充足する行動が習慣化した場合にも形成される。私たちの行動は欲望と不安を動機とする場合が多く、それは習慣化すると自己ルールになるのである。

自己ルールの形成は、幼児期、小児期における親子関係に大きな影響を受けやすい。それは自己了解も同じである。

そもそも自己了解は親の共感を基礎にして育まれるが、親の共感が不十分だったり、その後の人間関係において共感が不足していると、自己了解がうまくできなくなる。また、「存在の承認」が足りないために、自己肯定感が低くなり、「行為の承認」に執着しやすくなる。その上、親が権威的で、子供への要求や期待が多すぎる場合、子供は承認不安から親の言いなりになり、歪んだ自己ルールを作り上げてしまうだろう。逆に親が過度に甘やかしていれば、子供は「存在の承認」があたり前になりすぎて、「行為の承認」を得る努力をしなくなり、他人に対して傲慢で権威主義的な態度を取るようになったり、自己中心的な自己ルールを作ってしまうかもしれない。

もちろん、私たちは子供時代の自己ルールを一生抱えて生きていくわけではないし、多くの場合、自己像、自己ルールの歪みを自覚し、修正することになるものだ。

幼少期に歪んだ価値観を親から教えられても、学校で様々な友達と話すうちに間違いに気づき、考え、自己ルール、行動を改めることも多いだろう。また、多様な価値観や考え方を学び、知識が豊富になれば、自らを見直す力もついてくるし、自分の力ではなかなか気づけない場合でも、信頼できる人との出会いによって、無意識を指摘され、自己了解、自己ルールの修正が促されることもある。親が極度に共感性に乏しかったり、自己中心的、権威的で、偏った価値観の持ち主であれば、こうした修正がうまくいかず、成長過程で心の病を抱えてしまう場合もあるのだが、大抵は多様な人間関係の中で、適度な自己理解と自己ルールの修正が施されるものなのだ。

以上のような人間性の本質を理解しておくことが、自己分析を自覚的に行う場合には必要になる。それによって、私たちは無意識に行っていた行動の歪み、自己ルールの意味を、過去を振り返ることで知ることができる。それは自己ルールを適切なものへ修正する上で、必ず役立つに違いない。また、他者関係の重要性を理解しておくことで、自分一人では困難な場合でも、信頼できる他者を見つけ、その関係の中で自己理解に協力してもらうこともできるはずだ。それは友人であるかもしれないし、心の専門家であるかもしれない。

誰もが日々の暮らしの中で、無意識を確信し、自己了解、自己ルールの修正を繰り返しながら生きている。これは多かれ少なかれ、ほとんどの人が無自覚のうちにやっていることだろう。しかし、歪んだ親子関係、問題の多い対人関係の中に長期間身を浸していると、承認不安が強くなり、自己ルールの歪みもひどくなる。その結果、一人では自己了解も難しくなってしまう。

したがって、私たちは人間という存在の本質を理解し、それを共有しておく必要がある。その上で、対話をとおしてお互いに共感し、問題を指摘し合うような関係性が増えるようにしなければならない。それによって、自己ルールの歪みがひどい人たちもまた、自己了解できる可能性が拡がってくるだろう。

無意識に行動する有効性

無意識の行為の背後にある不安を自覚しなければ、本当に望んでいることが見えず、習慣化した行為、思考に囚われてしまいやすい。自分の感情を了解できないまま、意図せざる行為に左右され、自分で自分のことがわかっていない、コントロールできない、と感じられるかもしれない。それが長く続けば、自己不全感を抱くようになり、自由を感じることができなくなる。

では、無意識は私たちの自由を奪う足枷なのだろうか？　無意識のまま行動することは、つねにリスクが高いのだろうか？

これまで、無意識という概念は自由の限界を示すものとして捉えられがちであった。人間の意識的な判断は社会構造によって無意識のうちに規定されている、という構造主義の考え方は、自由な意志による決断に懐疑的である。また脳神経科学の研究は、脳の指令が生み出す無意識の行為が意識的な判断に先立つことを示しており、やはり自由意志の存在には否定的な研究者が少なくない。自由な行為を因果関係から説明しようとする限り、必ず意識的な判断に先立つ原因が想定され、自由意志など幻想にすぎないように見えてしまうのだ。

しかし、自由の本質はそのような理屈だけで理解できるものではない。私たちは誰であれ、自由を感じる瞬間を経験したことがあるだろう。それゆえ、「自由など存在しない」という主張に論理的な整合性があるように思えたとしても、それを実感として納得する人はあまりいない。自由を感じた経験のある人に対して、「それは偽りの自由であり、あなたの判断は自由な意志とは無関係に決められていたのだ」と指摘しても、自由を感じた経験そのものが否定されるわけではない。

体験それ自体は疑うことができない、という現象学の観点からすれば、自由を感じた経験を疑うことはできない。そして、自分のやりたいことができている、と感じるとき、たとえそれが無意識的な行為であったとしても、私たちは自由を感じることができる。

なるほど、ここまで見てきたように、無意識の行為が自由を妨害していることも少なくない。不安から習慣化した無意識の行為は不安の対象となる危険への対処行動だが、不適切なものであれば無駄が多く、不安で頭が一杯になり、やりたいこともできないため、自由を感じることはできなくなる。この場合、その無意識に気づき、自己了解を介して行動を変える必要があるだろう。しかし、適切な対処行動が習慣化しているのであれば、スムーズに行動して危険に対処できるため、無意識であっても「やりたいことができている」という自由な感覚はあるはずだ。

災害や事故の危険を感じて退避し、難を逃れた経験のある人は、同じ不安が生じると、迷うことなく直ちに退避するだろう。どうすべきか悩んだり、パニックになったりせず、冷静に行動できるかもしれない。人間関係における不安についても同様であり、適切な配慮の積み重ねによって、嫌われるリスクを回避し、信頼や承認を得る経験が多いほど、他人に対して緊張せず、うまく対応できるようになるに違いない。

このように、危険に対する無意識の対処行動が適切であれば、不安な対象や悩みが減り、能率よく行動を遂行できるようになり、その分、余裕を感じることができる。それは煩わされることの少ない生活をもたらし、自由を感じさせてくれるだろう。ゆとりがあるから自由を感じる、ということもあるが、うまく対処できている、自分の思うように行動できている、という「やりたいことができている」感覚が自由を実感させるのだ[74]。

また、危険回避の行動以外でも、反復される行動、運動は、やるべきことをスムーズにこなし、生活を楽にしてくれる面がある。通い慣れた道は考え事をしていても目的地までたどり着けるし、自動車の運転も話しながら、ラジオを聴きながらでもできる。また、身体が慣れた仕事も短時間で無駄なくやることができる。身体が無意識に動いてくれることで、意識は余計なことに煩わされなくてすむのである。

フロー体験と呼ばれる没頭体験も、われを忘れて集中している状態にあり、ほとんど無意識で行われている。それは目標に向かって注意が集中し、流れるようにスムーズに行為が行われている状態であり、行為の効率がよく、心は高揚し、楽しさ、心地よさに満ちている。

空手家や卓球の選手が深い集中の中で勝負しているとき、あるいは画家が絵を描いたり、音楽家が演奏しているとき、身体が思うように動き、目標へ向かって思い通りのことができている感覚が生じると、やはり恍惚感、快感が生じてくる。熟練の職人が集中して商品を作る場合、子供が遊びに夢中になっている場合にも、同じような感覚になることがあるだろう。好きなことをしているとき、目標に向かって思い通りに進んでいる感覚は、言いようのない快感、喜びをもたらしてくれる。それは「やりたいことができている」という自由の感覚でもある。

こうした没頭体験においては、自分がその体験をしているという意識は消失する。われを忘れ、没入しているからこそ、楽しさが生じるのであり、他人から自分がどう見えるかを気にしすぎると、没頭できず、楽しさは減少するだろう。それは、他者が自分を受け容れるかどうか、という承認不安が生じるからであり、過剰な自意識は没頭体験を妨げるのである。

幼少期の子供は遊びに夢中になり、没頭することが少なくない。これは親が見守り、安心感があるからできるのであり、好奇心を満たし、関心を拡げ、やりたいことに没頭する力を育むため、自由に生きる可能性を拡げることになる。逆に、いつも親が子供の遊びを邪魔したり、共感することも少なければ、承認不安と自意識の強い子供になり、親にどう見られているのかを過剰に気にするようになるだろう。その結果、自由を感じることができなくなる。

したがって、自己を意識しすぎず、無意識にまかせることも必要である。適切な無意識の行為は習慣化した行為であれ、われを忘れて没頭する行為であれ、危険と不安を減らし、喜びを増やしてくれるだろう。

感情に注意を向けすぎてしまい、自己を意識しすぎると、不安を増幅させ、心の病を惹き起こすこともある。森田正馬はこれを精神交互作用と呼び、自己に注意を向けすぎる自己観察をやめ、無意識的注意になることが必要だと述べている。[75] フランクルも、感情の反省は有害であり、注意を切り離すことを勧めている。[76] 要するに、自由であるためには、無意識に身体を動かせることも必要な

(74) 無意識の行動なのだから、自由な意志で行動しているとは言えないのではないか、という反論があるかもしれない。この点についてフランクルは、無意識の決断も自由意志によるものだと述べている。「最初の決断、原決断、先行決断は多かれ少なかれ意識的なものであったでしょう。けれども、そのような先行決断によって、多くの次第に意識的でなくなっていく後続決断が下されていくのです。決断は、次第に知らず知らずのものになっていきます。それでも、決断は意志的であり続けます。それは自発的（自由意志的）な決断なのです」（V・E・フランクル『苦悩する人間』山田邦男・松田美佳訳、春秋社、二〇〇四年、一二四頁）。このフランクルの見解は正しいと思う。納得して決めた行為が習慣化して無意識になったのであれば、それはやはり自由な決断と言えるだろう。

(75) 森田正馬『新版　神経質の本態と療法』白揚社、二〇〇四年、一一八頁

のであり、常に自己の身体を意識し、コントロールしようとし続けるのは逆効果なのだ。

無論、すでに述べたとおり、自由を感じられない無意識の行為においては、自己への内省が必要になる。たとえば、習慣化した自分の行為がいつも問題を惹き起こすとき、悪循環を感じさせるときは、どこか不安を感じていて、「自分の思うとおりにやれている」という自由の実感が欠けている。それは無意識の行為が自由を妨害している状態であり、この場合、無意識への確信にともなう自己了解、自己分析、自己ルールの修正が必要になるだろう。

ただし、こうした自己への内省は、その行為に集中しているときではなく、冷静なときに一人で、あるいは信頼できる人と一緒に行ったほうがよい。そうでなければ、自分がどう見られているのかが、つまり他者の視線が気になり、不安や焦りが増幅し、混乱するだけに終わるかもしれない。それは、自分の内面を見つめるのではなく、外面ばかりに注意が向けられている状態だ。

結局のところ、無意識への注視は、オンオフの切り替えが大事である。習慣化された危険への適切な対処行動や、関心があって没頭できる行動においては、過度に自己を意識せず、身体を無意識に任せた方がよい。その場合は自由を感じられている。しかし、不適切な行動が繰り返され、不安、自己不全感が生じる行動に関しては、自由を感じられなくなっているため、一度、冷静に自己を内省し、その意味を見つめ直すべきだろう。

無意識に任せる場合と無意識のスイッチを切って意識的に点検する場合を区別し、適宜切り替えることこそ、私たちが無意識を活用し、より自由に生きるために必要なことなのである。

自由に生きるための方法

現代社会は「自由な社会」であり、それと同時に「承認不安の社会」でもある。この自由と承認が葛藤する時代において、無意識は重要な意味を持っている。

近代以降の社会において、自由に生きるための条件が整ってきたとき、私たちは自分がどう生きたいのか、どう生きるべきか、悩み、逡巡するようになった。近代以前なら、社会の価値観に沿って生きるしかなく、職業も生まれながらに決まっており、対人的なふるまいも限られたものだっただろう。しかし、人間には自由に生きる権利がある、という考えが広まり、民主主義の社会が築かれると、自由に生きたいという欲望を抑えることはできなくなった。資本主義の発達によって職業や趣味の種類が激増し、やりたいことの選択肢が拡がったため、この欲望を満たす可能性も大きくなっている。こうして現代では、より一層、自由な生き方を渇望する時代になったのである。

しかしその一方で、多くの人は自分が何をしたいのか、何をすれば納得できるのか、多様な選択肢がある中で逡巡し、迷うようになった。そのため、自らの内面に問いかけ、自分自身を知りたい、無意識を知りたい、と感じる人が増えていったのだ。

この問題をさらに複雑にしているのが、承認欲求である。

私たちは誰でも自由を求めているが、同時に、周囲の人間に認められたいと思っている。人に認

(76) 「過剰反省」と呼ばれている過度の注意も（病気の原因になるという意味で）病原的である」（V・E・フランクル『意味による癒し』山田邦男監訳、春秋社、二〇〇四年、四三頁）

められることは、自分が必要とされる価値ある人間である、という確信、自己肯定感をもたらしてくれる。承認欲求とは、自己の存在価値への欲求でもあるのだ。しかし、それはしばしば自由の欲求と対立する。自由にふるまえば認められない、認められるためには自由をがまんしなければならない、という場面は、誰もが経験することだろう。こうした「自由と承認の葛藤」があるからこそ、私たちは自分が本当はどうしたいのか、余計にわからなくなるのである。

幼い頃から、自由に行動すれば認められない、という場面に何度も遭遇し、自由にふるまうことができなくなる人は少なくない。自由な行動を頻繁に咎められると、承認不安が高まり、自分の行動が受け容れられるかどうか、過度に気にするようになる。いつも自分がどう見られているのかを気にしてしまい、自意識も強くなるだろう。自由を放棄して認められる行動を繰り返し、歪んだ自己ルールを身につけてしまうかもしれない。こうなると、ますます自分が本当はどうしたいのかが見えなくなり、無意識を知りたい、「本当の自分」を見つけたいと願うようになる。

職を転々としながら「自分探し」を続けたり、自己啓発セミナーや新興宗教に入って「本当の自分」を発見したような錯覚に陥ったり、セラピーに通って心の悩みを解消し、無意識にある真の欲求、不安を知りたいと願うなど、現代社会では多くの人が「本当の自分」を探し続けている。だからこそ、自己了解を本質とする無意識への関心が高まっているのである。

現代の心理療法、精神分析が「無意識」を鍵概念としているのは、こうした時代状況を反映している。フロイトの精神分析が登場した十九世紀末には、すでに無意識への関心は高まっていたが、その後の心理療法も無意識の解明に強いこだわりを見せている。ロジャーズ派をはじめとする人間性心理学の各種セラピーも「本当の自分」（真の自己）の発見を標榜しており、表立って無意識を強調していなくとも、自己了解が軸になっている点では同じである。現代セラピーは自由の条件である自己了解を基礎としており、それは自由な社会を生きるための技法でもあるのだ(77)。

本書で提示した無意識の自己分析も、こうした心理療法の原理と基本的には同じである。心理療法は多様な学派に分かれ、各々異なった理論的背景があり、共通する原理などないかのように思われている。しかし、無意識の本質から考えると、そこには明らかに共通する原理がある。

私はこうした原理を多くの人が理解することで、一般の人々でも日常生活の中で活用できる道が開かれるのではないか、と考えている。簡単なことではないかもしれないが、本書ではそれが可能となるように、できるだけ簡明にその方法の原理を提示したつもりである。

自己を内省し、無意識に気づくことが自由をもたらすのは、その無意識の行為が有害な場合に限られる。歪んだ自己ルールに基づく行為、偏った思考に無自覚であれば、そして自分が本当はどうしたいのかわからなければ、自由に生きることは難しくなる。その場合は無意識に気づき、自己了解が生じること、自己ルールを修正することが必要になる。それは自由への第一歩となるだろう。

しかし、無意識の行為は困った問題を生み出していないかぎり、むしろ有効なものであり、必要以上の意識化、過剰な内省、自己観察は、自由な無意識の行動を阻害することもある。反復された運動は瞬時の正確な身体の反応を可能にし、習慣化した行為は生活をスムーズにし、危険を適切に回避してくれるだろう。

(77) 現代の心理療法が自由を重視している技法であることは、拙著『心理療法の精神史』(創元社、二〇二三年)において詳しく論じている。興味のある方は参照して頂きたい。

また、過度に自己を意識することなく、やりたいことに没頭できれば、それは時として大きな喜びとなり、制限のない解放感、自分の力が発揮できているという充実感をもたらしてくれる。つまり、自由を感じさせてくれるのだ。それは無我夢中という言葉もあるように、自我への囚われのない無我の状態だ。仏教ではこうした煩悩から解放された状態を「自在」と呼んでおり、それは何ら束縛がなく、思いのままにできることを意味している。自意識と思考にわずらわされず、無意識を生きることは、自由に生きることにつながっているのである。

無意識の正体を追って、多様な無意識の現象、研究領域に目を向けながら、無意識の本質を考察してきたが、そこから見えてきたのは、自由と承認を求めながら葛藤し、不安を回避しようと懸命に行動する現代人の姿であった。この不安があまりに大きく、適切な対処行動が取れなくなったとき、私たちはしばしば自由を手放してしまう。しかし、いまや無意識の本質を理解したことで、過大な不安を払拭し、自由に生きるためには何が必要なのか、その条件も見えてきた。

自由に生きられる可能性のある時代だからこそ、私たちは自らの無意識に目を向け、自分のことを知りたいと感じている。自由と承認の間で葛藤しながらも、納得のできる行為、自由な生き方を選び取るために、私たちは無意識の欲望、不安、自己ルールを理解することで、自らの行為、考え方を見直し、より喜びのある方向へ歩もうとしている。無意識への気づきは自己了解をもたらし、自分の現在地と自由に生きる道を教えてくれるのだ。

その一方で、あまり考えずに行動していたり、瞬時に身体が反応している場合でも、それがスムーズに遂行され、結果的にうまくいっていれば、そこに無意識への気づきが生じても違和感は抱かないし、自己像の刷新も生じない。それは、「やりたいことができている」という喜びの実感をもたらし、自由を感じさせてくれるだろう。

以上のように、無意識の経験は私たちが自由に生きる上で、とても重要な役割をはたしている。無意識を知り、納得のいく行為、生き方を見つけるために、また無意識の行為を有効に活かすために、本書がその一助となれば幸いである。

あとがき

誰もが青年期になると葛藤を抱え、自分は何をしたいのか、どう生きるべきなのか、思い悩むものである。それは、後悔しない人生を送りたい、間違った道を歩きたくないからだが、そこには自分の人生を選び取る自由がある。自由に生きる可能性がある社会にいるからこそ、自分が何をすべきなのか、自分はどのような人間なのか、という悩みを抱えるのだ。

自分の知らない本当の自分を知りたい、という悩みは、自分の無意識を知りたい、という悩みでもある。現代社会において、精神分析、セラピー、自己啓発への関心が高いのは、そうした無意識を知りたいという人々の欲求を示している。

私も若い頃、自分でも自分のことがよくわからない、本当の自分を知りたい、と感じていた。それはやがて心理学や精神医学、心理療法への関心に向かい、フロイト、ユングなどを読みながら、そこに無意識の真実を知る方法、原理があるような気がしていた。しかし、こうした心理臨床に関する理論はあまりにも多様で統一性がなく、理論的に対立していたため、一体どれが正しい理論なのか、当時の私には見当がつかなかった。多くの無意識の解釈や心のモデルを前にして、一体何が真実なのか、わからなくなってしまったのだ。

結局、無意識や心理療法の理論には様々な考え方があるだけで、普遍的な原理など存在しないのかもしれない。人間は多様でそれぞれが個性を持った異なる存在なのだから、普遍的な人間理解などできないのかもしれない。そう考える一方で、どこか釈然としないものがあったのも事実だ。同じ人間である以上、人間理解に共通性がないはずはない。だとすれば、心理療法にも必ず共通の原理があるはずだ。そう感じていたのである。

その後、現象学との出会いが、そうした疑問に一つの答えをもたらしてくれた。そこには普遍的な本質を明らかにする可能性が示されており、私はその考え方に深く納得し、この考えなら様々な問題の本質を解明できるかもしれない、と考えるようになった。

特に心理療法の原理については、一筋の光明を見出した思いであった。なぜなら、心理療法の理論は一見、多様でばらばらだが、無意識を重視している点では共通していたからだ。そのため、無意識の本質を明らかにすれば、心理療法に関しても共通原理を見出せるのではないか、そう期待するようになったのである。

こうして、私は無意識の本質を現象学の視点から考察し始めたのだが、それはいまから約二十年以上も前のことだ。本書で述べた無意識の本質観取も十七、八年前には考えていたことで、その後、批評活動を始め、『「本当の自分」の現象学』や『心理療法という謎』などでも触れてきた。だが、「無意識」そのものを中心テーマとしてしっかり論じたのは本書が初めてである。いつかは無意識の本質について、より掘り下げて現象学的に考察し、出版したいと思いながら、随分と時間が経ってしまった。そのため、まだ十分に論じられていない部分もあるのだが、二十年越しの思いがやっとかなった気がして感慨深い。

最後に、本書を出版するにあたって、三人の方にお礼を述べておきたい。

まず、現象学の本質観取の可能性を教えて下さった哲学者の竹田青嗣氏。それから、原稿段階で貴重なご意見を下さった哲学者の西研氏。二十数年前、お二人の哲学と出会わなければ、無意識の本質を考察しようとは思わなかっただろう。そして最後に、本書の出版、編集に尽力して下さった河出書房新社の藤﨑寛之氏にも、心から感謝申し上げたい。

二〇二四年二月

山竹伸二

山竹伸二（やまたけ・しんじ）
1965年、広島県生まれ。学術系出版社の編集者を経て、現在、心理学・哲学の分野で批評活動を展開している。評論家。同志社大学赤ちゃん学研究センター嘱託研究員。桜美林大学非常勤講師。現代社会における心の病と、心理的治療の原理、および看護や保育、介護などのケアの原理について、現象学的な視点から捉え直す作業を続けている。著書に『「認められたい」の正体』（講談社現代新書）、『「本当の自分」の現象学』（NHKブックス）、『本当にわかる哲学』（日本実業出版）、『不安時代を生きる哲学』（朝日新聞出版）、『子育ての哲学』（ちくま新書）、『心理療法という謎』（河出ブックス）、『こころ病に挑んだ知の巨人』（ちくま新書）、『ひとはなぜ「認められたい」のか』（ちくま新書）、『共感の正体』（河出書房新社）、『心理療法の精神史』（創元社）など。

無意識の正体――「自分」とは何か 「自由」とは何か

2024年4月20日　初版印刷
2024年4月30日　初版発行

著　者　山竹伸二
装　幀　松田行正
発行者　小野寺優
発行所　株式会社河出書房新社
〒151-0051
東京都渋谷区千駄ヶ谷2-32-2
電話03-3404-1201（営業）
03-3404-8611（編集）
https://www.kawade.co.jp/
印　刷　株式会社亨有堂印刷所
製　本　小泉製本株式会社

Printed in Japan
ISBN978-4-309-23150-1